Comment draguer la catholique sur les chemins de Compostelle

L'auteur remercie Échaillon,
dont l'esprit pervers et la plume alerte ne
lui furent pas d'un mince secours.

Couverture : Photographie de Debra Mc Clinton
www.debramcclinton.com

122, rue du Chemin-Vert - 75011 Paris.
www.lamusardine.com
ISBN : 2 84271 260 9

Étienne Liebig

Comment draguer la catholique sur les chemins de Compostelle

La Musardine

À César et René.

PROLOGUE

Je n'ai rien contre les catholiques. On verra même que, pour reprendre la célèbre expression, je suis plutôt « tout contre ». J'ai écrit ce journal non pas contre leur croyance, mais contre une pensée totalitaire qui asservit les humains. Je l'ai écrit contre un dogme surréaliste fondé sur l'hypothétique retour d'un OGM conçu par une vierge et un bon Dieu sourd comme un pot. Je l'ai écrit parce que je ne crois pas en Dieu.

Croire en quelque puissance supérieure, ce serait admettre que l'Homme et la Femme sont *inférieurs* par nature. Mais inférieurs à qui ou à quoi, s'il vous plaît ? Au genre humain ? Ne fait-il pas preuve quotidiennement d'une perversité et d'une inventivité sans limites dans la destruction, la rapine et l'idiotie ? S'il est bien fait à l'image des dieux qu'il se donne, pourquoi ne se passe-t-il pas d'eux ?

Je le fais bien, moi !

Mais, me direz-vous, pourquoi séduire des fanatiques en religion quand ce ne sont pas des religieuses fanatiques ? Eh bien, parce que depuis deux mille ans, la première cible des églises reste la sexualité ! La mienne, par conséquent. Ma sexualité, le seul domaine réellement privé où je peux penser comme je veux, faire comme je veux, avec qui je veux et quand je veux. Être moi-même, en un mot.

La seule parade efficace contre les oppressions religieuses et sexuelles, c'est de *jouir*. Jouir, jouir, jouir encore, fût-ce avec celles-là même qui propagent un obscurantisme moyenâgeux – surtout avec celles-là, devrais-je dire. Car au plaisir de les ramener aux joies de la chair s'ajoutera la satisfaction sournoise d'avoir fait triompher la Raison !

En draguant jeunes et moins jeunes femmes catholiques, sur les lieux d'un de ces pèlerinages qui perpétuent l'archaïsme de la Pensée et la soumission au Destin, je conjugue l'Étreinte et l'Éternité, je combats l'esprit sans la chair, aussi triste que la chair sans esprit.

Amie lectrice, ami lecteur, bienvenue sur le chemin de Saint-Jacques-de-Compostelle ! J'y raconte l'irracontable, et Dieu me damne si j'ai menti !

ÉTIENNE LIEBIG

CHAPITRE PREMIER

Vézelay, dimanche 11 septembre.
Où l'auteur ébaubi découvre un Chemin de Lumière en pleine Bourgogne et s'approche en catimini de la chair fraîche.

À un moment de leur trajectoire solitaire, le voyageur le plus hardi, l'explorateur le plus audacieux comme l'anachorète le plus endurci se posent toujours la question : « Mais qu'est-ce que je fais là ? » Cette question, elle me traverse l'esprit comme je débarque du TER Paris-Vézelay de 9 heures du matin, chargé en tout et pour tout d'un sac à dos acheté la veille au Vieux Campeur, d'un appareil photo jetable, d'un carnet de notes et d'une carte de crédit qui devrait me servir de bouée de sauvetage sur un (très) court laps de temps.

Oui, qu'est-ce que je fais là, courbant l'échine sous le ciel lourd et gris, pareil à un perroquet persan dans mon K-Way jaune citron, mes pantalons en velours bleu pétrole et mes grosses chaussures de marche marron à embouts renforcés ? J'aurais pu rester sous la couette avec ma dernière conquête, une maigre rousse de vingt ans pêchée à la sortie du lycée Hélène Boucher – elle y officie comme pionne au milieu d'hystériques chauffées jusqu'à l'os par les ardeurs pubescentes – ou ma vendeuse de Monoprix d'origine iranienne, grande brune à grand nez qui arbore de la lingerie de pute sous sa blouse de Nylon rose. Sans omettre qu'en ce moment, ma vie sexuelle s'honore aussi de compter une de ces wonder women croisées dans les cocktails mondains et séduite par mon physique d'écologiste altermondialiste. Ces célibataires désespérées se révèlent souvent fainéantes au lit. Mais j'ai gardé celle-là parce que toutes les femmes sont bonnes à prendre, quoi que ce soit qu'elles vous prennent, elles.

Rien, donc, ne m'obligeait à quitter Paris pour Vézelay, en ce matin venteux de septembre – qui plus est un dimanche, jour du Seigneur, qui l'a créé pour se reposer et faire l'amour ! Rien, si ce n'est l'attrait qu'exercent sur moi le corps bien fait et l'esprit tordu d'une catholique. Je me suis pourtant traîné gare d'Austerlitz aux petites heures de l'aube, j'ai embarqué dans un train glacial au milieu des randonneurs et des cyclotouristes et j'ai passé trois heures sinistres, la joue appuyée sur la vitre humide, à regarder défiler les mornes plaines.

Pourquoi Vézelay ? Parce que c'est là que l'on trouve le plus de catholiques ferventes au mètre carré, voilà ! Les fameuses « Journées Mondiales de la Jeunesse » auraient certes été un meilleur endroit pour aller draguer, mais c'est tous les cinq ans, et j'ai manqué les dernières. Lourdes ? Ça sent le vieux. Saint-Nicolas-du-Chardonneret ? Ce fief français des intégristes purs et durs ne rassemble plus que des vieilles biques en pleine agonie mentale et d'anciens militaires. Les apparitions du Pape sur la place Saint-Pierre ? Trop polyglotte : je me voyais mal draguer des bonnes sœurs en serbo-croate ou en crypto-polonais !

Oui, les chemins de Saint-Jacques-de-Compostelle s'imposent d'évidence : l'environnement naturel, la démarche sacrificielle, le regroupement des espèces, tout y est à portée de la main. Je sais bien que dans les hordes de pèlerins qui s'y pressent chaque année, il n'y a qu'une minorité de vrais catholiques, mais c'est cette minorité-là qui m'intéresse.

Et puis, ça me fera prendre l'air. Baiser dans des pavillons surchauffés de banlieue parisienne, les piaules d'étudiante de la Cité Universitaire ou des chambres d'hôtels pleines d'acariens, ça va bien un temps mais j'aspire à l'érotisme agricole, à l'étreinte sous la tente, à la fellation hypocrite sous une ramure dégoulinante d'humidité. Et, pourquoi ne pas l'avouer, à la sodomie fiévreuse et subreptice dans une chapelle cistercienne pleine de courants d'air !

Je vais à Vézelay draguer la catholique comme on va chasser la sittelle torchepot dans les marécages du Bas-Rhin ou le castor dans le Nivernais : avec ma bite et mon couteau. En franc-tireur.

Où l'auteur rumine quelques rudiments d'Histoire en se hissant avec humilité vers le Montjoie.

En escaladant les rudes escarpements de la « colline éternelle », je me remémore quelques rudiments d'Histoire qui pourront toujours me servir. Ah, l'Histoire ! Les catholiques l'aiment parce qu'ils l'ont dominée pendant vingt siècles. Ils ont pu y commettre leurs petites atrocités dans une impunité presque absolue, sans jamais faire repentance, et si j'attire une catholique sur ce terrain, je suis sûr de m'attirer sa sympathie. Et la sympathie, chez *toutes* les catholiques, précède immédiatement le gonflement des canaux lactaires, la tumescence des petites lèvres à l'entrée du vagin et l'inflammation des muqueuses utérines qui facilitent votre travail d'homme.

Un peu d'Histoire, donc, pour arriver à mes fins.

Vézelay est au départ de la « *via Lemovicensis* », une des grandes routes piétonnières du Moyen Âge. Des siècles durant, des milliers de pèlerins et de pèlerines (la femelle du pèlerin) l'ont empruntée pour se rendre à Saint-Jacques-de-Compostelle, l'un des grands rendez-vous de la chrétienté avec Jérusalem (« Visitez le saint sépulcre ») et Rome (« Embrassez les tombeaux de Pierre et de Paul »).

La route limousine descend par Bourges, La Souterraine, Limoges, Périgueux, Bergerac, Roquefort. Elle rejoint à Puente la Reina, en Espagne, les autres grands chemins de pèlerinage, partis, eux, de Paris, du Puy et d'Arles. À partir de là, il faut encore faire huit cents kilomètres jusqu'aux côtes de Galice, célèbres en leur temps pour deux naufrages – celui de Jacques dit Le Majeur, en l'an 42, et celui du pétrolier *Prestige*, en 2002.

Au Moyen Âge, un pèlerinage à Compostelle était une véritable expédition qui pouvait durer plusieurs mois, voire une année. Les loups et les brigands guettaient, les chemins et les routes étaient impraticables à la première pluie, la neige tombait en octobre. Tout au long du trajet, les grandes abbayes ont donc mis en place un réseau serré d'églises, d'hospices et de chapelles qui assistaient ceux que l'on appelait jacquets, jacquaires, jacotes ou jacobipètes. Il perdure, ce qui m'évitera de descendre dans des Formule 1.

Je n'y serai pas seul. Après une relative désaffection entre le XVe et le XIXe siècle, une nouvelle population de randonneurs, d'écologistes et de méditatifs de toutes obédiences a pris la relève, et l'on estime aujourd'hui à 100 000 le nombre de « jacquets » modernes qui flirtent chaque année avec la tendinite et la bronchite dans l'espoir de décrocher la fameuse « coquille Saint-Jacques », signal de reconnaissance et saint grigri du pèlerin accompli.

Un dernier mot sur mon projet. Je me suis fixé quatre types de catholiques à étudier : les cathos de gauche, les cathos bourgeois (de droite, donc), les cathos intégristes et ce que j'appellerai les cathos gentils, vaste fourre-tout où l'on peut loger les catholiques de hasard ne répondant à aucune qualification particulière.

Une fois ces populations couvertes – si j'ose dire – avec un maximum de rigueur scientifique, j'extrairai la substantifique moelle de mes observations et composerai ce journal de voyage pour, j'espère, le plus grand plaisir de mes lecteurs.

Nul doute que les protestants vont se régaler à le lire mais je ne me réjouirais pas trop si j'étais eux. Car je compte approcher les plus belles protestantes dès l'année prochaine, au Musée du Désert.

Où l'auteur se laisse aller à une digression dont l'utilité la plus évidente est de faire patienter le lecteur en attendant la première scène outrageusement sexuelle.

Il est dix heures quand je débouche devant la fameuse basilique qui faisait tant délirer l'ami Jules Roy (il habitait au pied, dans une belle maison. Romain Rolland, lui, habitait plus bas). Somptueux bâtiment roman du XIe siècle, écrasant les toits couleur rouille du village de sa masse polychrome, c'est dans cette basilique que fut lancé l'appel à la deuxième croisade, par un enragé nommé Bernard de Clairvaux. N'empêche, elle figure maintenant au patrimoine de l'humanité.

Dans la lumière fuligineuse du petit matin, on dirait un vaisseau de pierre attendant d'embarquer quelque équipage de géants taillés dans le bronze. À vrai dire, elle est presque trop belle pour des gens comme vous et moi, qui transpirent, ont des problèmes d'argent et convoitent leur voisine. Et donc, vous me permettrez ici une petite digression.

Ce qu'il y a de paradoxal avec la foi catholique, c'est qu'elle a couvert la France de chefs-d'œuvre architecturaux ahurissants, sans compter tout ce qui va avec : psautiers, livres saints, peintures, sculptures, chants etc. Vous me direz que tout le monde était catholique à l'époque – bien obligé –, que l'Église faisait trimer le peuple et que c'est même comme ça qu'elle s'est enrichie à en crever, tout en prônant une sainte pauvreté. Soit.

Mais on ne peut tout de même s'empêcher d'être troublé par le fait qu'une pensée ontologiquement aussi discutable ait accouché de telles merveilles ! Il y a là quelque chose qui m'échappe, encore que je tienne une explication qui ne doit rien à la métaphysique : cathédrales et monastères ont simplement été pensés, dessinés, construits par des hommes. Ce sont des monuments à l'Humanité. Dieu n'est pour rien là-dedans.

Pascal avouait : « *Le silence des espaces infinis m'effraie.* » Il n'a pas entendu que le genre humain l'a peuplé du chant de ses marteaux. Les esprits chagrins et les pétroleuses m'objecteront qu'il n'est nulle part question, ici, du génie des femmes. Je répondrai que ce sont des hommes comme les autres, en moins bête, et en plus, elles ont une petite culotte. C'est d'ailleurs l'unique raison qui me ferait croire en Dieu, surtout quand elles l'enlèvent.

Fin de la digression. Je suis en train de longer un parking. Des cars vides stationnent aux cotés de quelques voitures immatriculées dans la région parisienne et l'Alsace. J'imagine que mes premières « jacquettes » sont là, quelque part sur l'esplanade, les cuisses vernissées de brume froide et la nuque frissonnante sous un méchant vent d'Est. Sous les gros pulls de laine informes, leurs poitrines pures palpitent sans doute à l'idée de l'épreuve à venir. Les tendres épaules cisaillées par la tension du sac à dos se soulèvent dans un geste implorant : ne devraient-elles pas faire pipi avant de partir, histoire d'être tranquilles ?

C'est sûr, elles vont en baver, mais les catholiques n'aiment-elles pas le cilice ? Je suis sûr que les plus imaginatives auront glissé leur brosse à dents dans leur gaine pour se donner de la joie en marchant !

Où l'auteur, pourtant résolu, sent sa volonté vaciller et manque de repartir par le premier train.

Je viens de faire le tour de l'esplanade, quelle déception, il n'y a pas un chat ! Que des Japonais, qui mitraillent la basilique comme si c'était un cuirassé américain et des Chinois qui la shootent au téléobjectif pour la reproduire dans leurs parcs d'attractions géants. Pourtant, quand j'ai téléphoné la semaine dernière à un tour operator spécialisé dans la croisière spirituelle, il m'a assuré qu'il y avait un départ de pèlerins à 11 h...

Il n'est que 10 h 15. ces braves gens doivent s'être mis à l'abri en attendant l'heure du départ. Je vois tout de même assez mal des pèlerins poser un lapin au bon Dieu !

Soit. Je patienterai. Je redescends la pente que j'avais montée, j'avise le café le plus proche et j'entre. Là aussi, personne, qu'un patron mal réveillé qui baille en écoutant Radio Vatican. Ils passent un vieux tube des années 1970 : *Dominique nique nique...*

Oui, eh bien j'espère faire comme elle, et le plus tôt sera le mieux ! Je commande un sandwich au jambon avec plein de beurre et un pot de café. Autant prendre des forces, puisqu'on va vers le martyre.

— Monsieur fait le pèlerinage ? demande le patron en me servant.

Il a vu mon sac, et la croix de bois qui dépasse avec ostentation de l'encolure de ma chemise. Le plus clair de sa clientèle, ce sont des allumés du goupillon, des Mimoun de la Foi, rarement des syndicalistes CGT ou des anarchistes du POUM.

Autant roder le discours : à partir de maintenant, je suis un pèlerin comme un autre, c'est à dire un être dénué du moindre sens critique, avec un pénis en cale sèche et un cœur plein d'humilité.

— Je marche pour l'amour de notre Seigneur, fais-je d'une voix mielleuse. J'étais paralysé des trois membres, il m'a redonné l'Influx nerveux nécessaire après mille six cents *Pater* et quatre cents *Ave*.

— IL sait ce qu'IL fait, grommelle l'aubergiste en essuyant d'un coup de torchon un imaginaire rond de bière. Seuls les meilleurs d'entre nous seront sauvés !

Se met-il dans le lot ? Dehors, le son grêle des cloches se perd dans les nuages gorgés de pluie. Quelques ombres frileuses se pressent à la seconde messe. Le découragement m'effleure : il n'y aurait pas toute cette chair fraîche là, quelque part, je reprendrais le premier train pour Paris. Ou bien, je me collerais une balle dans la tête.

L'ai-je ému par l'aura ascétique qui, bien malgré moi, m'entoure comme quelque néon en survoltage ? Le taulier pose sur le comptoir une brochure pompeusement appelée « Aide aux pèlerins ». Je l'ouvre distraitement en sirotant mon bol de café.

Admirables catholiques ! Vézelay-Saint-Jacques-de-Compostelle, ça fait une trotte, tout de même. Quelque chose comme 1 500 kilomètres, soit, à pied, entre quarante et cinquante jours de marche... Mais bon, je ne vais pas les plaindre : après tout, c'est leur truc, le masochisme. Il n'y a qu'à voir leurs tableaux et leurs statues : saintes aux seins coupés, saints sciés entre deux planches, langues arrachées, intestins dévidés, du fouet et du fer rouge à n'en plus pouvoir... Pour la ou le catho pur jus, le supplice du corps est un délice pour l'âme.

Je passe à l'édifiante biographie de Jacques le Majeur, premier des disciples du Christ. Il évangélisa les Ibériques, qui ne lui avaient rien demandé, avant d'être décapité sur l'ordre du roi juif Hérode. Sa dépouille fut dévorée par les chiens pour faire bonne mesure, puis son corps confié à une barque qui passa le détroit de Gibraltar par gros temps et remonta l'Atlantique guidée par un ange...

J'en manque d'avaler mon jambon de travers. Un ange ! Ils écrivent ça comme ça, sans rire, un ange ! Un ange avec GPS, j'imagine ?

Bon, reprenons.

L'embarcation finit par s'échouer à la pointe de l'Espagne, où on l'oublia quelques siècles. En l'an 800 et quelques, un ermite ravagé par une rhume de cerveau (les vents sont terribles, là-bas) se vit révéler l'emplacement de la tombe. On exhuma des os et on construisit une basilique autour.

Le reste n'est qu'anecdotes.

Sonné par l'étincelante absurdité du récit, je commande un petit calva au patron. C'est donc cet extraterrestre que des milliers de gens vont adorer chaque année en risquant la tendinite ? C'est inouï, tout de même, ce que des contemporains sensés, nantis d'une carte de crédit et d'un abonnement à la FNAC peuvent avaler comme sornettes ! Mais il est vrai que tout est inouï, dans le catholicisme : on ne vous demande pas de comprendre, on vous dit d'y croire.

Quand il est onze heures, je me lève, je règle mes consommations et je ramasse mon sac. Je vais pour sortir quand une discrète vibration sollicite mon attention : réveillé par le café-calva et l'anticipation de la chasse, mon battant de cloche s'est ébranlé sous le velours côtelé de mon pantalon C&A.

Alléluia !

Un chant de gloire me monte aux lèvres :

Nous prions la Vierge Marie
Son fils Jésus
Qu'il lui plaise nous donner
Sa bonne grâce
Qu'en paradis nous puissions voir
Dieu et mon seigneur saint Jacques...

CHAPITRE 2

Où le lecteur se dit qu'il a bien fait de persévérer dans sa lecture car il y a une blonde à gros seins à la fin.

Divine surprise ! La brume s'est levée, le soleil perce les nuages et frappe en biais la monumentale façade de marbre, accouchant en toute simplicité du plus merveilleux équilibre architectural qu'il me sera donné de voir dans la région.

À vrai dire, je suis surpris d'être surpris, car enfin, qu'y a-t-il de plus naturel que cette basilique-là ? Sa couleur est celle des pierres de la Cure, son asymétrie devrait nous heurter sans nous séduire, ses ornements sont classiques... Alors, d'où vient cette poudre lumineuse qu'elle répand autour d'elle, un peu comme la fée Clochette dans Peter Pan ?

En tout cas, elle a touché ce groupe de pèlerins avec sacs à dos rassemblé autour d'un banc, là, sur ma gauche. Nimbés de cette lumière céleste, ils paraissent presque beaux en dépit de leur accoutrement ridicule – le même que le mien, mais en moins coloré –, sacs à dos Décathlon, chaussures Le Trappeur et paires de jumelles de La Maison de l'Optique, tout ça reste tout de même très « tendance ».

Comment ne pas penser, en les voyant, aux pèlerins d'autrefois en surcot, large chapeau rond, leur « bourdon » à la main (bâton à deux pommeaux) et leur mince besace au flanc ? Ils n'emportaient qu'un passeport et quelques billets de confession, ceux-là ont des cartes Michelin, des balises GPS, des cartes de crédit et des téléphones portables. Les pèlerins d'autrefois mangeaient la poussière du chemin, ceux d'aujourd'hui croquent des barres chocolatées et boivent de la « Gatorade », la boisson du sportif.

Soyons juste, tout de même : par-dessus les siècles, ils se ressemblent par leur crédulité formidable. Grand bien leur fasse !

Passons à la première phase de mon plan : l'approche du pèlerin catholique et – c'est la vraie cible – de sa femelle. C'est un peu comme pour la sittelle du Bas-Rhin ou le castor nivernais : il faut du tact, de la retenue, du temps.

Je les contourne donc de loin sans leur accorder un regard et je vais m'installer sur les degrés de Sainte-Marie-Madeleine, à l'aplomb du narthex.

Je pose mon sac à dos et l'ouvre posément pour prendre un livre. N'importe quel livre éloigne les imbéciles, un bon livre vous rapproche de ceux dont vous voulez attirer l'attention, mais quel livre choisir ? Mon Mouhammad ? Pour la génération des

40/50 ans, cathos de gauche vivant à Paris, tout ce qui est arabe est bon. J'explique ça par une culpabilité cachée de n'avoir pas su prendre position pendant la guerre d'Algérie, ou d'avoir un cousin pied-noir qui habite Toulon.

Mais bon, pour un premier contact, Mouhammad serait peut-être un peu trop ciblé ? Je sors donc un vieux Gilbert Cesbron de la poche supérieure droite, m'installe commodément et fais semblant de me plonger dans ma lecture.

Patience, ils vont rappliquer. Mon expérience m'a appris que rien n'attire tant la ou le catholique que l'homme solitaire de préférence dépenaillé, affamé et claquemuré dans sa discrète désespérance. Elle m'a appris aussi qu'il ou qu'elle est incapable de résister à la tentation de l'aider.

Quelques minutes passent. Ça a bien vieilli, Cesbron, ces grands écrivains catholiques ne tiennent décidément pas la distance. L'air de rien, je glisse un œil à mes pèlerins et je vois qu'ils m'ont repéré, eux aussi. Le Japonais et les Chinois sont partis, il n'y a plus que nous sur la place.

Ça crée des liens, forcément.

Ils sont cinq, trois femmes et deux hommes. Tout d'abord un grand type brun, barbu, d'une quarantaine d'années et l'air d'un enseignant dans le privé, comme l'atteste son sourire figé et cette fausse bonhomie apprise au contact des boules puantes et des crucifix renversés. Non pas l'enseignant lambda, mais plutôt le principal du collège, sec et juste. Ni Parisien, ni banlieusard, il doit habiter une ville moyenne et sinistre, comme Meaux, Melun ou Compiègne. Je vois qu'il explique quelque chose aux autres, le regard lointain, comme si c'était évident...

Il sait, eux ne savent pas. C'est donc lui le chef.

À ses côtés, sa femme, même genre mais sans la barbe. Brune, grande, maigre, le chignon serré, un beau visage slave aux méplats accusés, mais usé. Élégante et déteinte, elle fait sans doute du soutien scolaire pour les jeunes défavorisés de son quartier et donne des dîners où elle invite l'évêque, le diacre et le pharmacien de sa ville. Une notable. Séduisante ? Couci-couça. Impressionnante, disons. Quand une femme comme celle-ci prend votre pénis dans sa bouche, ça doit être glaçant comme du Penderecki.

Celle qui me plaît, c'est leur voisine, une blonde épanouie avec un short en toile kaki qui lui moule les fesses. Dans un groupe de catholiques, il y a toujours une femme un peu trop grosse qui cache ses complexes sous une joie de vivre ostentatoire : c'est celle-ci. Elle ne sait pas qu'elle est jolie, et le lui dirait-on qu'elle ne le croirait qu'à moitié – ce qui doit permettre à sa meilleure copine, qui elle est mince, de jouer à la psy en lui expliquant pourquoi elle est en surcharge pondérale (ton mari ne t'aime pas, tes enfants sont des voyous, ton chien a un cancer de l'anus...). Tout ceci en faisant croire à tout le monde que gros ou maigres, *« ça ne compte pas, car la beauté est intérieure »*.

Mon œil !

Elle est assez petite – moins de 1 m 60 au garrot, dirais-je – et elle a dans les quarante ans – ou presque.

Moi, je la trouve plutôt gironde – affaire de goût, le mien vaut bien le vôtre. Cette femme-là, c'est le genre de femme maternelle qui vous masturbe gentiment pour peu que vous lui demandiez. À mon avis, elle est célibataire, ou bien son mec l'a plaquée récemment et elle a été prise en charge par le groupe. Elle est malheureuse, donc facile.

Le type à côté d'elle – pas le principal, l'autre – doit avoir des vues, car il porte son sac en plus du sien. De gros sacs, bien trop chargés, bourrés de tout ce qu'un pèlerin ou une pèlerine pourrait avoir besoin dans les mois à venir. C'est donc leur premier pèlerinage : le pèlerin aguerri se charge de vent puisque l'Esprit saint est sensé pourvoir à tout. Celui-là est difficile à cerner. C'est un cinquantenaire en pleine forme, le genre qui agace : visage glabre, hostile, moqueur, comme vernis en surface. On sent qu'il a tout vu. Il ne doit pas être croyant, plutôt chirurgien. Chirurgien proctologue, tiens, un métier où on regarde la nature humaine par le bon bout. Participation dans une clinique privée, consultations dans un grand hôpital parisien, duplex à Neuilly ou dans le 15e... Il a réussi mais se demande à quoi. Il traverse la fameuse crise de la cinquantaine, sans compter qu'il en est peut-être à son troisième mariage et que cette fois-ci, il est tombé sur un os : une jeunesse qui lui en fait voir avec des capacités sexuelles hors norme. Ou alors une grande bourgeoise qui méprise l'argent – son argent – parce qu'elle en a plus que lui. Notre ami a donc rejoint son pote le principal de collège pour se prouver qu'il était encore capable d'actes gratuits mais à mon avis, il prendra bientôt le train pour Paris en prétextant une prostate à cureter.

A-t-il déjà couché avec la blonde ? Pas sûr. Elle porterait son sac elle-même. Mais il a des vues sur elle, ça oui. Ça me plairait bien de lui griller la politesse, les proctologues m'ont toujours humilié, je ne sais pas pourquoi...

Tiens ! Je constate avec plaisir qu'elle aussi m'a repéré, car elle plisse les yeux pour voir quelle espèce de chrétien se cache sous ma parka citron. Bien sûr, elle ne porte pas de lunettes, car sa myopie la complexe. On a comme ça un rapide échange de regards flous et de phéromones sexuelles, puis elle détourne la tête en cambrant imperceptiblement la poitrine, et fait semblant de s'intéresser à ce que lui raconte son voisin.

Quelle hypocrite !

Patience. Je mouille mon index et tourne lentement une page de *Chiens perdus sans collier*. Les fesses imposantes, les boucles blondes et le teint frais de cette jolie rondouillarde sont décidément adorables, mais coucher avec ce genre de femme est toujours une gageure en société, à plus forte raison lors d'un pèlerinage : le clan la surveille de près car elle représente la virginité perdue, une forme d'innocence et de bonheur à laquelle plus personne n'a accès.

Bon dieu, décidément, Cesbron me tombe des mains ! J'aurais dû prendre un Teilhard de Chardin – d'abord, il aurait pesé moins lourd. L'œil oblique, je passe à la troisième femme du groupe, qui ne semble pas non plus être l'épouse du chirurgien – pas assez de classe.

C'est la plus jeune du lot, trente ans à peine, elle ressemble à une visiteuse médicale ou à l'assistante d'un prothésiste. Son parcours intérieur, comme on dit dans les magazines de développement personnel, l'a amenée à faire partie d'un groupe de parole dans la paroisse de son quartier et, de fil en aiguille, à contacter une assoc' spécialisée dans le pèlerinage tous azimuts. Elle bouquine à l'écart, genre « Je ne me mêle pas de tous ces trucs matériels » ou, pis encore, « Je n'étudie pas la route car Dieu nous guidera ». Pas vilaine au demeurant, une grande brune avec des cheveux raides, lunettes de presbyte sur un nez un peu long, mais fin. De beaux yeux sombres, pas de seins, pas de cul. Une androgyne au potentiel sexuel pas évident, disons. Ce genre-là, vous me direz, c'est mettable. Je vous répondrai : « Oui, mais faut voir ce qu'elle lit ! »

Et voilà, ça n'a pas manqué. Le principal replie ses cartes, il les range dans son sac et la petite troupe se dirige vers moi.

Je vous le disais bien : les cathos, c'est envahissant de nature.

Où l'auteur, bien que déguisé en perroquet iranien, sait vite se rendre indispensable à des pèlerins monocolores sur le départ.

Le chrétien solitaire n'en est pas moins un chrétien poli, et je les salue une fois qu'ils arrivent au bas des marches de la basilique.

— Bonjour à tous !

— Bonjour à toi, ami ! répondent-ils d'une seule voix, tel un chœur grégorien (il n'y a rien de plus ennuyeux que les chants grégoriens, non ?).

Je suis un peu plus haut qu'eux, position éphémère mais qui me donne un léger avantage. Bien entendu, j'évite soigneusement de regarder les femmes et n'ai d'yeux que pour le principal barbu et son copain le chirurgien proctologue.

— Vous partez en pèlerinage ? demande ce dernier, en m'examinant avec la fixité d'un spéculum.

Lui aussi porte une croix de bois, mais sur un pull de fine laine acheté chez Kenzo.

Restons modeste, humble, comme il est de bon ton de l'être en permanence chez les cathos. Pour autant, on peut dévoiler lors d'un premier contact un peu de sa personnalité, donc, en ce qui me concerne, l'aventurier plein d'humour et franc du collier qui sait tenir sa place sans la ramener. Le type en qui on peut avoir toute confiance, quoi.

— Mon dieu, dis-je en laissant perler un petit rire de cul béni, disons que je me laisse guider par mes rencontres et aussi, je dois l'admettre, par mon mal de pieds !

La grande fille plate pouffe. Soit : c'est celle-là que j'essaierai de séduire en premier, d'autant qu'elle tient un bouquin de Bourdieu à la main. (C'est bon, ça Bourdieu, très bon ! Tous ses bouquins sont ringards mais ça vaut tout de même mieux que Paolo Coelho.)

Le type barbu enchaîne :

— Vous venez de loin ?

Je me fends d'un geste vague vers l'Est :

— On vient toujours de loin quand on va vers Lui.

Ils méditent la réponse, suffisamment absconse pour leur plaire.

— C'est votre premier pèlerinage ?

— Oh non ! J'ai fait Lourdes, bien sûr.

Tout est dans le « bien sûr ». En réalité, tout ce que m'a rapporté Lourdes, c'est une crise d'hémorroïdes pour avoir mangé un tagine trop épicé dans un restaurant fréquenté par un clergé séculier extrêmement gourmand. Je n'y étais pas allé pour prier Dieu, mais pour draguer ces filles de bonnes familles volontaires pour pousser les carrioles et les fauteuils roulants de tétraplégiques.

— Lourdes, c'est bien, approuve sentencieusement le barbu. On l'a fait aussi, avec ma femme.

— Un séjour inoubliable, fais-je en levant les yeux vers le ciel avec reconnaissance. Comment pourrai-je jamais Le remercier, après ce qu'Il a fait pour moi ?

Ils échangent un regard. Ils flairent qu'il m'est arrivé une grosse tuile dans la vie, un grand-gros malheur guéri par un bon-gros miracle « *made in*

Lourdes », justement, mais un réflexe de bonne éducation leur interdit de me demander quoi. Ils en brûlent d'envie, pourtant.

— On va faire le voyage vers Compostelle ensemble, alors ! lance l'épouse du principal d'une petite voix flûtée. C'est suuuper !

Tut tut tut, qu'est-ce qu'elle croit ? Qu'ils peuvent m'enrégimenter comme ça, et me faire marcher jusqu'à la Saint-glinglin ? Je me suis déjà tapé le service militaire, ça ne va pas recommencer !

— Je crains que vous me surestimiez, objecté-je avec un petit sourire navré. (J'observe un petit temps de silence à la Bouvard, sur RTL – une radio catho, tiens !) En fait, je ne sais pas si je pourrai aller jusqu'à Compostelle. Ma santé reste fragile, tout de même...

Un ange passe, chargé de Di-antalvic et d'une perfusion de glucose. J'en profite pour me lever, avec une petite grimace qui laisse à penser que ma leucémie, ma tuberculose, ma sclérose en plaque ou Dieu sait quoi n'est pas tout à fait guérie :

— Allez, partez devant ! J'essaierai de vous rattraper. J'oubliais : je m'appelle Étienne.

— Damien, décline le barbu.

— Pierre-Alain, annonce le proctologue.

— Béatrice, miaule la femme du barbu.

— Évelyne, glousse la grande fille plate.

— Caroline, souffle la blonde toute ronde.

Ils sont ferrés et me regrettent déjà. Au fond d'eux, ils avaient un peu peur de s'emmerder en route, et embaucher un compagnon de voyage fringué Ripolin les aurait bien arrangés.

— Et si on marchait lentement ? propose Béatrice, la femme de Damien. Elle est visiblement émue : un si beau jeune homme promis à une fin si misérable, quel crève-cœur !

En plus, j'ai l'impression que je lui plais. J'ai surpris plusieurs fois son regard sur le faux pli de mon pantalon de velours C&A.

— Je m'en voudrais de vous ralentir ! (Je ramasse mon sac – autre grimace de souffrance réprimée courageusement.) Mais je jetterais bien un coup d'œil sur votre carte avant que vous ne filiez, si vous n'y voyez pas d'objection ?

— Mais bien sûr ! s'empresse Damien.

On va s'installer un peu plus loin, le long du parapet qui domine le magnifique panorama. Pourquoi ai-je demandé à regarder leur carte, alors que j'ai préparé mon périple au moins aussi bien qu'eux ? Parce qu'il faut toujours demander quelque chose aux cathos, tout bêtement ! Rendre service, pour eux, n'entraîne pas une obligation comme débiteur mais induit au contraire qu'ils s'engagent à rendre d'autres services. Un prêté pour un donné, un donné pour un autre donné, c'est un peu le principe de la joue tendue après la première baffe reçue.

Les voilà penchés avec moi sur la Michelin du Limousin. Au départ de Vézelay, il y a deux itinéraires, qui se rejoignent à La Souterraine.

— Vous prenez par La Charité ou Nevers ?

— La Charité ! tranche notre ami le principal de collège. On va montrer la cathédrale de Bourges à notre chère Caroline.

La Caroline en question est debout à ma gauche et son sein s'appuie contre mon coude. Il est élastique comme ma conscience, et bien que Pierre-Alain la surveille de près, elle se garde bien de reculer quand je pivote très légèrement et appuie mon bas-ventre contre sa hanche.

— Vous avez raison de choisir le chemin berrichon, dis-je en tapotant la carte pour fixer leur attention. Après tout, c'est à partir de Bourges que Charles VII parvint à reprendre le royaume de France aux Anglais !

Ils acquiescent avec enthousiasme, comme si ça les concernait de près. Beaucoup de catholiques sont monarchistes, et tous sont anglophobes puisque les Anglais ont le mauvais goût d'être protestants. J'ai entrepris une subtile rotation du pelvis sur la hanche de la blonde et elle ne bronche toujours pas.

— Je vous recommande, pour vous recueillir, l'abside de la chapelle Saint-François-de-Sales. Vous savez sans doute que le vitrail de gauche est consacré à la vie de Jacques le Majeur ?

Ils savent, mais ils adorent qu'on le leur rappelle. Sauf la grande brune sans seins. Elle, j'ai le sentiment qu'elle sait ce que je fais, et ce que je fais est en soi une petite performance : j'essaie de me décalotter rien qu'en frottant le gland de mon pénis sur le short de ma voisine. Non pas que je vise à l'éjaculation, je le fais simplement pour échauffer la blonde. Quelle y pense jour et nuit jusqu'à ce que je la retrouve, et là, ça ne devrait pas traîner...

Le principal et son accessoire – le proctologue – se

sont engagés dans un duel à fleurets mouchetés sur les mérites comparés de Saint-Cyr et Sainte-Julitte (Nevers) et Saint-Étienne (Bourges). Ma voisine, tétanisée, ne bouge toujours pas d'un pouce. Sous l'auvent de boucles blondes, sa bouche entrouverte laisse passer un souffle éperdu tandis qu'elle fixe un point sur la carte – son point G ?

Mon pénis a maintenant atteint sa taille optimale – celle, du moins, que lui permet l'étroitesse de sa cage de tissu. Elle ne peut qu'en sentir l'impérieuse poussée au travers de son short de toile.

— Bon, alors, on y va ? les coupe la grande fille plate, que mon petit manège énerve visiblement. On dormira où, là-bas, Damien ?

— À La Charité ?

— À La Charité ! précise la même en me lançant un regard brûlant

Damien nous donne le nom d'une église. Je le note mentalement. Si la blonde ne me cède pas, sûr que la brune sera ravie de prendre sa place.

— On devrait y être dans trois jours et on restera jusqu'à vendredi, précise le pèlerin en chef. Il y a tellement de choses à voir là-bas !

— Alors, à bientôt, peut-être ! fais-je en pivotant rapidement pour dérober à leurs regards mon érection triomphante. Je ramasse mon sac dos et le plaque habilement contre mon ventre en descendant les degrés de la basilique, et je leur lance :

— Ultreia, mes amis ! Ultreia !

— Ultreia ! me retournent-ils avec fièvre. Dieu vous garde, l'ami !

E Ultreia ! E sus eia ! Deus aia nos ! Ce qui veut dire en français : Plus outre et encore, Dieu nous aide ! C'était le cri de ralliement des pèlerins moyenâgeux, quand ils s'encourageaient sur les routes hostiles...

Je m'éloigne sans plus les regarder, comptant sur l'amenuisement de ma silhouette pour grandir mon souvenir dans leur cœur. Et ça doit être le cas, car une bourrasque m'apporte leurs voix mêlées dans un chant d'espoir et de foi :

Suivant toujours le bon Jésus
En sa souffrance,
Pour l'imiter, il faut grand Cœur
Et grande patience
Le bon pèlerin fait service
Sans intérêt
Et ne prend point son exercice
Dans ce qui lui plaît...

Dimanche 11, lundi 12 septembre, La Charité-sur-Loire.
Où le lecteur, quelque peu dépité de voir s'éloigner la promesse d'une scène croustillante, se voit imposer de surcroît une interminable attente de trois jours.

Il est midi, le car pour La Charité-sur-Loire part dans vingt minutes, je n'ai que le temps de redescendre vers le centre-ville.

Je l'ai joué fine, je pense, et je ris sous cape en accélérant l'allure. Tôt ou tard, les femmes finiront par sortir de sous les pèlerines, si j'ose dire, et si ce n'est la blonde, ce sera la brune qui me tombera dans les bras. Sans compter l'épouse du principal, Béatrice, qui m'a l'air toute disposée à me délivrer les derniers sacrements.

Je parie que dans trois jours, quand je les retrouverai, la chaleur, la fatigue et les dissensions internes auront eu raison du groupe. On ne traite pas le sexe faible ainsi, à lui faire marcher dix heures de rang en parlant de bondieuseries. Tôt ou tard, elles redeviendront des êtres humains.

Le car est là, qui m'attend. Je m'installe confortablement et jette un dernier coup d'œil à la colline sacrée. La première partie de mon plan n'a pas trop mal marché mais je suis un peu déçu de ne pas avoir eu plus de choix. Il est vrai que ce n'est pas la saison idéale, les véritables pèlerins s'arrangeant pour arriver à Compostelle pour la fête de saint Jacques, le 25 juillet. Ils démarrent donc à partir de mai.

Tant pis. Ces trois-là feront l'affaire, bien obligé. Elles ne sont pas très jolies, mais j'ai senti en elles un vrai potentiel. Ceci étant, cathos intégristes ou cathos de gauche ? Je dirais plutôt de gauche, encore que je conçoive assez mal un proctologue de gauche. Mais enfin, la gauche chez les cathos n'est pas la même gauche qu'à l'Assemblée nationale : elle n'est ni traversée par les courants, ni minée par les ambitions, c'est une gauche engagée et généreuse façon Emmanuel Mounier revisité par *Télérama*. Et dire que tout ce petit monde est en train de se carapater sous la bruine pendant que je me prélasse en autocar !

Le diable roule en pullman quand le bon Dieu fait du trekking, c'est bien connu.

Trois heures plus tard, je suis à La Charité. Belle ville médiévale, calme, qui roupille avec vue sur la Loire. La *fille aînée de Cluny* n'a rien abandonné de sa majesté d'antan, il n'est qu'à voir la monumentalité de son prieuré pour se rendre compte de l'importance monastique qu'elle avait au VIIe siècle.

Je descends à l'Hôtel de la Gare, désert en cette saison, et m'attable in extremis devant un excellent tripoux aux épinards.

Tout cela m'a mis d'excellente humeur et je dévore avec appétit. Après le café, je ressors acheter quelques cartes postales au bistrot du coin, puis je pousse jusqu'en centre-ville et me fais indiquer un magasin d'art. J'y fais l'acquisition de papier aquarelle, de peintures à l'eau et de quelques pinceaux. Le soir tombe quand je regagne ma chambre pour exécuter la deuxième partie de mon plan.

À la lumière d'un plafonnier minable, je commence péniblement à peindre des paysages en m'inspirant des cartes postales. Les cathos sont en général assez sensibles à l'artiste amateur qui peint inspiré par le Tout-Puissant. Dans mon cas, à l'exception d'une propension naturelle à dessiner des femmes nues, j'ai toujours eu un mal de chien à donner quelque véracité à mes croquis de nature et d'architecture. Néanmoins, j'arrive à pondre une basilique de Vézelay à peu près acceptable et quelques vues cavalières de la cathédrale Saint-Étienne.

Ce soir-là, content de moi, je dîne dans une petite brasserie du centre-ville. Pourquoi les cuisiniers français s'ingénient-ils à toujours vouloir faire du tiramisu immangeable ? La nuit qui suit est perturbée par des rêves évocateurs, mélanges de scènes édifiantes empruntées aux images pieuses des missels et d'orgies alimentaires au cours desquelles de robustes matrones topless me présentent l'infernal biscuit imbibé d'amaretto entre leurs seins de nourrices.

Au matin, encore barbouillé, je traîne au lit, relisant mes antisèches d'un œil vague. Ce sont quelques passages bien sonnés que j'ai recopiés dans des livres édifiants, j'entends les ressortir à point nommé devant mon public de culs bénis. Je ne doute pas, en effet, que quelle que soit l'excellente impression que j'ai pu faire à Vézelay, j'aurai besoin de multiplier les signes d'appartenance à la communauté si je veux parvenir à mes fins.

Tiens, on me permettra ici de dispenser quelques conseils à l'usage de ceux qui voudraient m'imiter (celles aussi, encore que je connaisse mal le lesbianisme catholique ; il doit exister, mais je n'en ai pas encore eu la révélation).

Avec les cathos de gauche, on ne citera jamais de penseurs chrétiens orthodoxes et de fait, dépassés, mais on choisira plutôt du chrétien dissident, voire de l'athée. L'athée qui a cru ou qui croira fera tout aussi bien l'affaire, aussi. Je donne une première liste, elle n'est pas exhaustive.

Dans les anciens, Cicéron : personne ne vous contredira puisque personne ne l'a lu. Lucrèce, Épicure et Héraclite ont eux aussi écrit sur la religion et la nécessité des hommes à croire, même sans certitude – on remarquera que certains biologistes, physiciens et astronomes contemporains professent la même chose. Autre grand classique : saint Thomas d'Aquin, qui plaît toujours. Apprenez par cœur cette phrase que vous balancerez dans la conversation d'un air inspiré comme si elle vous venait juste à l'esprit : *« Saint Thomas ? Pour moi, il est simplement le lien entre la pensée de l'Antiquité et la pensée Moderne par les justes questions qu'il pose à la scolastique. »*

Cela ne veut rien dire, mais je connais peu de gens qui vous contrediront en dehors de l'enceinte de l'Institut Catholique de Paris.

Puisque nous voilà dans les modernes, on citera Engels plutôt que Marx, trop connu et sans mystère, et Camus qui reste une valeur sûre. Assurez-vous simplement que votre catholique est bien de gauche, puisque Camus l'était.

Le grand classique reste Mounier et toute la bande d'*Esprit*. N'importe qui aura découvert *Esprit* en préparant son DEA de socio sur « L'engagement politique des chrétiens entre 1950 et 1952 » ou « Les choix d'une éthique chrétienne face au bouleversement de la génétique ». Le nec plus ultra reste d'avoir participé à une table ronde sur *« le problème de la violence dans notre société moderne »* : c'est bien le diable si l'un des cathos présents ne se souvient pas de ce numéro exceptionnel !

On citera Gide avec profit, ça fait bien, mais gare aux dérapages. On essayera aussi – mais avec prudence – l'autocritique de la gauche : *« N'oublions pas d'où était issu Drieu »* est le type même de phrase entre humour et provoc qui peut plaire. Mais surveillez l'actualité en permanence pour ne pas commettre de gaffes ! Mircea Eliade, très bon il y a dix ans, est considéré aujourd'hui comme un peu collabo. De même Michel Foucault, que l'on mettait à toutes les sauces, est en ce moment en rupture de sainteté...

De nos jours, ce sont plutôt Maritain et Comte-Sponville qui tiennent la vedette. Notez que pour Comte-Sponville, on peut toujours le convoquer dans une conversation, quel qu'en soit le sujet : c'est devenu un parleur professionnel dont les robustes propos frappés au coin du bon sens se récupèrent à l'ordinaire très facilement.

Mais foin de références littéraires. Ma deuxième journée à La Charité, je la consacre à la bibliothèque municipale. J'y relève des dizaines de citations des auteurs susnommés auxquelles j'ajoute trois sentences bien obscures du Livre saint, et je relis quelques ouvrages traitant de saint Jacques et du pèlerinage. Chaque fois que je vais griller dehors une cigarette pour me détendre, je pense à mes pèlerins qui titubent sur la route, alternativement rincés par une averse d'automne et rôtis par le soleil tardif de cette fin d'été. Je les imagine s'appliquant avec sérieux à relever les innombrables coquilles sculptées, à repérer les pierres blanches sur les clochers (elles indiquent la direction de Compostelle) et à déchiffrer avec un inaltérable enthousiasme les inscriptions en latin au-dessus des tympans d'églises...

À leur place, je serais déjà à moitié mort d'ennui.

Ils dorment, sans doute chez l'habitant ou dans des cures, et on les serre dans des chambres minuscules et mal chauffées après un repas frugal à base de museau de veau et de châtaignes sous la cendre. Pas de télévision, bien sûr : ils ne vont tout de même pas regarder TF1 ou M6 après avoir consacré leur journée à Devenir Meilleurs ! On leur offre sans doute une petite Bénédictine dans un verre taillé, prétexte à discuter encore un peu théologie avec le curé de la paroisse ou la bigote de service, mais après, la fatigue aidant, au lit !

Avant de sombrer dans un sommeil réparateur, je parie que les femmes se caressent longuement sous un Christ en buis ou en laiton pendu à son clou – encore que la distinguée Béatrice ait son Damien pour lui tenir chaud. La ronde Caroline a-t-elle fini par concéder quelques privautés à ce mire-cul de Pierre-Alain ? Genre petite branlette à deux doigts devant un calvaire sylvestre ou pipe du bout des lèvres dans la crypte d'une abbaye quelconque (mais romane) ? Tout ça pendant que les autres s'extasient devant un reliquaire ?

C'est peu probable. Les femmes catholiques ne se donnent pas comme ça, et notre proctologue à croix de bois n'est pas du genre à susurrer des verbiages ensorcelants en glissant son doigt le long de la couture centrale du short de sa belle. Mais quoi, il a bien dû lui manipuler les seins dans la pénombre d'une chapelle – ses gros seins un peu mous, mous et émouvants, qui appellent le pétrissage direct, un tantinet brutal ! Et elle l'a laissé faire en pensant que si Dieu-Qui-Voit-Tout ne lui a pas encore envoyé un lupus, c'est que c'était un péché très véniel.

Je m'endors ce soir-là en imaginant la face huileuse de ce jésuite flottant dans la pénombre opiacée d'un réduit à ciboires. La ronde Caroline est à genoux devant lui, nue jusqu'à la taille, et les foutus doigts de médecin triturent ses outres laiteuses...

— Vous me faites mal, Pierre-Alain ! gémit la pénitente en jetant des regards affolés vers la porte entrebâillée (et si le bedeau entrait ?).

— Abandonnez-vous, Caroline ! gronde le spécialiste de la prostate en se déboutonnant brutalement. Ce que Dieu vous a donné est dû à ceux qui aiment Dieu !

— Mais c'est moi que vous aimez, n'est-ce pas, Pierre-Alain ? supplie la malheureuse. Non, pas ça, cher Pierre-Alain ! Pas cette *chose* !

— Ouvrez cette bouche, Caroline, et avalez mon hostie liquide ! Soyez le reliquaire où je range l'ossement saint !

Elle hoquète :

— Oh ! Oh ! Oh ! Pierre-Alain...

Comment voulez-vous que je dorme, après ça ?

CHAPITRE 3

Mercredi 13 septembre.
La Charité-sur-Loire, toujours.
Où l'auteur, en pleine forme, retrouve ses pèlerins affaiblis par un long périple.

Nous sommes mardi. Trois jours, ont dit mes pèlerins, ils devraient donc être là dans l'après-midi. L'église dont Damien m'a donné le nom est tout près. Je déjeune léger à midi, certain que ce soir je ferai bombance, et je demande la note.

— Vous repartez pour Compostelle ? s'enquiert l'hôtelière, une accorte matrone dont, si elle n'était surveillée par son mari, un ancien parachutiste, j'aurais bien fait mon ordinaire.

— Christ n'attend pas ! soupiré-je en empochant ma Carte Bleue.

— Il vous a bien attendu trois jours, sourit-elle d'un air entendu.

— J'attendais des amis. Maintenant qu'ils sont arrivés, nous allons brûler les étapes !

— Moi, glousse-telle en m'englobant d'un regard averti de vieille maquerelle, je vous trouve bien coloré pour un randonneur !

Elle a raison. Je comptais éblouir les femelles catholiques, lesquelles ont le plumage plutôt bleu marine, ou gris, voire vert raglan, jamais plus, mais ma parka jaune citron et mes jeans moutarde (j'en ai changé) vont faire tâche dans le paysage grisouille qui sied à l'Élan Purificateur. Il importe maintenant de me fondre dans la masse des pèlerins, c'est-à-dire d'afficher les marques évidentes d'un long trajet.

Je sors donc dans l'arrière-cour, où s'empile un invraisemblable bric-à-brac de caisses vides, de cartons et de vieux outils, et je me glisse tout au fond. Le temps d'en ressortir, mes chaussures de marche et mes effets se sont uniformément recouverts d'une pellicule cendrée.

Parfait. La pluie qui tombe par intermittence tassera dans les replis cette poussière millénaire. J'écrase sur mes cheveux un bob dont je me sers à l'ordinaire pour essuyer la jauge à huile de ma vieille Volvo, j'empoigne le sac à dos où j'ai glissé mes aquarelles de débutant et je me dirige vers l'église d'un bon pas.

Quelques prêtres de bonne volonté y offrent le gîte et le couvert, comme le faisaient leurs semblables au Moyen Âge – heureux temps où l'on pouvait se déplacer sans bourse délier, pour peu que l'on sût réciter le *Miserere* ! J'entre donc en prenant bien garde de me signer, et le premier curé que je croise tombe en arrêt devant ma mine éreintée :

— Eh bien, mon frère, d'où venez-vous ainsi ?

— De Vézelay, mon père, mais je suis passé par Nevers pour voir le prieuré clunisien de Saint-Révérien et les deux absides de la cathédrale !

En soi, c'est une excellente introduction, mais n'aurais-je pas fait étalage de mon érudition, ce sympathique moine m'aurait tout de même pris sons son aile : le catholique veut toujours rendre service, le curé lui, en a le devoir.

D'un air entendu, il me conduit dans un dortoir fruste mais confortable. Je le préviens que des amis vont arriver dans la soirée, trois femmes et deux hommes et...

— Mon père, je crains qu'ils ne soient épuisés. Laissez-moi leur préparer un accueil chaleureux, voulez-vous ?

— Mais faites, mon fils ! Faites ! se pâme le ratichon tout heureux d'avoir trouvé un partenaire sacrificiel à sa hauteur.

J'installe rapidement cinq lits de camp à quelque distance du mien, puis je déballe mes petites affaires et les pose sur l'étagère prévue à cet effet. Je ne laisse traîner sur ma couche que quelques aquarelles encore fraîches de l'avant-veille, mais par contre je range soigneusement mon sac à dos. Pour finir, je lave et rince deux paires de chaussettes et les suspends à la fenêtre : d'un coup d'œil, on devinera que dort là une sorte de Rambo du Christ, fervent mais méthodique, une âme saine dans un corps sain et qui privilégie l'hygiène à la sieste. Ça devrait suffire pour l'instant, avec en sus quelques slips d'une éclatante blancheur que j'ai laissé dépasser de sous un pull-over : ce sont en effet plus des strings que des caleçons, et je compte sur la modestie du textile employé pour suggérer *a contrario* le volume qu'il est censé contenir. La coque est tissée d'un voile si léger qu'il ne cache rien au regard, et encore moins à la main. Le reste n'est qu'élastique, sans compter la fameuse ficelle qui agace délicieusement l'anus.

Les femmes ne font pas autrement quand elles laissent traîner leurs culottes et leurs soutiens-gorge sous notre nez, pourquoi me priverais-je de cette modeste ruse ?

Tout content d'avoir tendu mon petit piège lubrique, je me change, optant pour un jean et un polo léger avec un gilet, puis je ressors et vais m'asseoir à la terrasse d'un café tout proche.

Il ne me reste plus qu'à guetter l'arrivée de mes proies : elles passeront obligatoirement par-là puisque c'est l'unique route qui mène à l'église. Je commande un thé-citron et fatigué des lectures théologiques, je me plonge avec délectation dans un ouvrage passionnant sur Lester Young, de l'excellent Alain Gerber.

Vers dix-sept heures, mes jacquets se profilent à l'horizon. Pas de doute, ils sont sur les rotules : leur pas traînant, leurs visages gris, les sacs neufs devenus informes, leurs jambes pitoyables griffées par les ronces du chemin attestent d'un long et pénible périple à peine égayé par la visite d'innombrables chapelles et oratoires. Chacun avance de son côté, séparé des autres de plusieurs mètres, tête penchée et dents serrées.

Pour avoir fait la Vallée Blanche et le GR20 en Corse, je devine qu'ils puisent dans leurs dernières forces pour tenir. Même l'arrogant Pierre-Alain n'a plus l'air si flambant. Le seul à donner encore le change c'est Damien, comme l'exige son rôle de chef.

Je me planque derrière le juke-box quand ils passent. Ils s'engouffrent à la queue leu leu dans l'église.

Je décide de leur laisser une bonne demi-heure avant de les rejoindre.

Tic tac, tic tac...

Les minutes passent, délicieuses. Notre charmant abbé a dû leur dire qu'un pèlerin obligeant avait préparé leur couchage. Ils ont dû voir mon sac, mes grosses chaussures, ma parka, mais je doute qu'ils aient reconnu mes affaires, tant elles ressemblent aux leurs.

Tic tac, tic tac...

Je les imagine penchés au-dessus de mes estampes, échangeant à mi-voix des commentaires admiratifs. Le regard fureteur des filles découvre soudain mes mini slips blancs sur l'étagère. Stupéfaction, trouble... À tous les coups, aucune d'elles n'a jamais vu d'homme en string polyamide-élasthanne.

Tic tac, tic tac...

Les hommes sont passés à côté, évidemment. Les slips sexe, ce n'est pas le genre de Damien, encore moins celui de Pierre-André. Ce n'est pas le mien non plus à vrai dire, mais je me suis forcé à les acheter. Le boxer short, c'est vraiment trop tue-l'amour.

Tic tac, tic tac...

Les hommes, mais pas les femmes. Ça leur trotte dans la tête, aux trois filles. Sûr que je suis en train de devenir un vrai mythe : chrétien altruiste, moitié Christ nu en érection, moitié Chippendale en élévation, cachant sous sa bure un prodigieux encensoir – un peu comme le *botafumeiro* de Saint-Jacques-de-Compostelle, qu'il faut cinq hommes pour ébranler... Toutes ces Marie Madeleine brûlent de laver mes plaies et de descendre avec moi au tombeau ! On resurrectionnera ensemble, à force de caresses.

18 h. Allons, c'est l'heure de paraître à leurs yeux éblouis ! À toi de jouer, Étienne !

Je règle ma consommation – le chrétien est honnête par principe, comme l'instituteur laïque – et me dirige vers le prieuré d'un pas élastique.

Pas de curés à l'horizon, ils pantomiment quelque part dans les profondeurs.

Sifflotant le *Requiem* de Fauré, je pénètre dans notre dortoir pour la phase 3 de mon plan : conclure.

Où le narrateur s'incruste en douceur dans sa famille de Pensée et va même jusqu'à frôler les seins de la blonde.

Dans le dortoir, ça sent un peu les pieds, le savon, pas mal le tabac pour pipe. Ça sent également la femme propre et bourgeoise, celle qui se vaporise un filet de parfum sous son aisselle épilée.

Une odeur de pharmacie, aussi.

Ils sont tous là, allongés sur leurs lits, ahuris de fatigue et de bien-être après une douche brûlante. La blonde a pris le lit à côté du mien, sur ma gauche. Elle feuillette *La Vie catholique*, son magnifique fessier moulé par un pantashort couleur fraise. Le T-shirt ne cache rien de la double cascade de ses seins, le coton collant jusqu'aux pointes – un spectacle impressionnant.

De l'autre côté, à la droite de mon lit donc, il y a la femme de Damien, Béatrice. Elle dort à plat-ventre, ses pieds recouverts de mercurochrome et de pommade, exposés comme deux beefsteaks saignants.

Son mari occupe le lit à côté. En survêtement de sport Adidas, Il fume sa pipe, tourné vers son copain proctologue qui se masse les chevilles avec du Nifluril, l'air revêche. Le dernier lit de la rangée est occupé par la grande brune plate, l'air tout aussi morose. Elle a enfilé une sorte de longue tunique indienne et lit Bourdieu en se grattant le nez.

Au bruit de mes pas, ils tournent tous la tête vers moi (sauf Béatrice, évidemment).

— Ah, ami, j'étais persuadé que c'était vous, notre bon Samaritain ! me salue Damien avec une cordialité appuyée.

La blonde a posé son livre et me regarde comme si j'avais une auréole autour de la tête. Une charmante rougeur a envahi sa gorge et elle sourit avec effort :

— Quand l'abbé nous a dit « un pèlerin tout seul », moi aussi, j'ai pensé à vous...

Elle a surtout pensé à ce que j'appuyais contre sa hanche, à Vézelay, oui ! Ça a dû l'aider à marcher pendant ces trois jours. Une sorte d'aiguillon mental, quoi...

Le proctologue pivote sur son lit, et le sommier craque abominablement :

— Mais à quelle heure êtes-vous arrivé ? Vous êtes parti après nous, pourtant !

Je souris modestement :

— Il n'y a pas de miracle, j'ai marché et comme je ne trouvais pas d'endroit pour dormir, je ne me suis pas arrêté... J'ai dû vous doubler pendant que vous dormiez. (J'observe un petit un silence, le temps de les culpabiliser à mort.) Au petit matin, j'ai dormi deux, trois heures à la belle étoile sous la protection de notre bonne sainte Marie Madeleine, puis je suis reparti. (Je laisse ma voix s'enrouer, comme si une émotion violente m'envahissait.) Elle a guidé mes pas, j'en suis certain ! Le lendemain, je me suis retrouvé sur les hauteurs du Morvan, d'où je dominais la vallée. Et à treize heures, j'étais à la Charité.

Ils m'ont laissé débiter ma tirade et je sens leur admiration doublée d'un peu de jalousie. Il y a vingt bonnes secondes de silence, puis la ronde Caroline demande :

— Et vous avez trouvé le temps de peindre ?

— Comment savez-vous ça ?

— Les aquarelles. Elles traînaient sur votre lit.

(Elle sourit.) La curiosité est mon péché véniel préféré !

Et son péché mortel favori, c'est quoi ?

— Oh, *ça* ? J'ai fait ces petites choses en deux minutes, c'est tellement mauvais !

Le barbu s'est redressé, hirsute de fatigue, avec la tête de Ribouldingue dans *Les Pieds nickelés* :

— Du tout, du tout, vous avez une sacrée patte, mon vieux !

Même la brune plate s'y met :

— J'aimerais être mauvaise comme vous ! Ces paysages sont délicieux ! On sent tellement qu'ils ont été faits dans un moment d'émotion !

Allons-y, remettons-en une couche :

— Je dois reconnaître que je ne suis plus moi-même quand je contemple la Nature ! C'est peut-être bien là la vraie raison de mon pèlerinage : l'adorer, et à travers elle, adorer son Créateur !

— C'est très beau, ce que vous dites, mon petit Étienne ! bâille Béatrice, qui s'est réveillée. Nous avons vu tout de suite votre soif de spiritualité. Moi-même, j'aime beaucoup les fleurs...

Une niaise. Sûr qu'elle trouve les animaux bien supérieurs aux hommes, alors qu'ils sont aussi féroces.

On en vient à leur voyage. Ils sont ravis, on ne leur fera pas dire le contraire sous la torture, mais Béatrice concède être éreintée et Pierre-André avoue avoir quelques problèmes de tendons. Je sors alors mon arme secrète, en l'occurrence une pharmacopée réduite mais très efficace que je prétends tenir de ma grand-mère bourguignonne et que j'ai reconditionnée dans des pots de yaourt. (En fait, je les ai commandés le mois dernier dans une revue de médecine douce – médecine douce et catholicisme me semblent aller de pair, je ne sais trop pourquoi, sans doute parce qu'ils nécessitent l'un et l'autre d'y croire avant d'y voir.)

Toujours est-il qu'ils – les pots de yaourt – sont accueillis comme le saint sacrement, car mes pèlerins, s'ils ont emporté quelques bandes Velpeau et désinfectants, avaient visiblement sous-estimé les difficultés du trajet.

Je commence par Béatrice, à qui j'administre un cordial formé pour moitié d'élixir de la Grande Chartreuse et pour autre moitié de Jouvence de l'abbé Soury. Elle avale ça cul-sec et change aussitôt de couleur sous les yeux stupéfaits de son Damien de mari :

— Mmmhhh ! C'est du raide ! (Elle pique un fard, comme si tout le monde pouvait voir ce à quoi elle pense.) Je veux dire, ça a l'air efficace...

— Ma grand-mère en prenait un fond de verre tous les matins et elle courait comme un lapin !

Lapin, la pine, elle repique un nouveau fard. Ils sont inouïs, ces catholiques.

Je tends au proctologue une pâte parfumée que je prétends être un onguent d'argile et d'urine de chauve-souris :

— Ma grand-mère en mettait tous les soirs ! Elle est morte à l'âge de cent un ans !

J'interroge la grande brune suspicieuse qui prétend n'avoir besoin de rien.

— De rien, vraiment ?

Évelyne soutient mon regard, un petit sourire moqueur aux lèvres :

— De rien.

Toujours méfiante celle-là ; heureusement, la blonde se souvient fort opportunément d'un début de cruralgie, causé, dit-elle, par le poids de son sac à dos. Je décide de lui prodiguer sur l'heure un massage avec la même crème que Pierre-Alain.

Mon autorité toute neuve est telle qu'elle s'y soumet sans discuter. Je la fais s'asseoir à l'envers sur une chaise, les bras repliés sur le dossier, de sorte que ses seins pendent librement, puis je plonge le bout de mes doigts dans l'onguent magique et je les glisse chastement sous son T-shirt.

Sa peau est douce, couverte encore d'une fine buée de transpiration après la douche. Ses muscles endoloris roulent sous mes doigts avec docilité. Tout en les massant avec force, je continue à pérorer pour distraire l'attention du groupe. Ils veulent savoir si j'ai vu ceci ou cela durant mon périple solitaire, surtout Évelyne, qui visiblement continue à ne me croire qu'à moitié – ce n'est pas qu'elle me soit hostile, au contraire, je me demande même ce qu'elle fait avec ces charlots. C'est la seule qui n'a pas une croix au cou ou une amulette de ce genre.

Pendant ce temps, Caroline s'est transformée en chiffe molle sous mes doigts. Le plus dur est de ne pas descendre et cueillir ses seins à pleines mains mais Pierre-Alain nous surveille de près. J'arrive tout de même à en frôler les pointes du bout des doigts à une ou deux occasions et, chaque fois, je vois les petits poils blonds sur son cou se hérisser furieusement.

— Demain, je porterai votre sac, le temps que l'inflammation disparaisse, lui promets-je.

Je fais vraiment partie du groupe, maintenant. Damien a accepté de saupoudrer une vilaine irritation au talon d'une poudre de sulfamide que je lui présente comme un substrat de fraisier bulgare mélangé à des crêtes de coq – un remède souverain contre n'importe quelle infection, tout le monde sait ça. Son épouse, en pleine forme, rit d'un rire haut perché de jeune fille excitée. Ça fait rire les autres, même Pierre-André.

Il va être vingt heures, et la petite famille ragaillardie par mes bons soins se prépare pour aller au restaurant. Les filles ont toutes prévu une tenue un peu habillée pour sortir, comme quoi on peut être catholique tout en restant femme. Mais de ça, je n'ai jamais douté...

C'est maintenant qu'il faut jouer la carte qui m'a demandé des années de travail : celle de la pitié. Elle va toujours avec l'humilité, l'une et l'autre étant des vertus éminemment catholiques – encore faut–il savoir les solliciter !

J'ai rangé silencieusement mes aquarelles et je reste assis sur mon lit, l'air abattu.

Le barbu se tourne vers moi :

— Vous êtes des nôtres, bien sûr !

— Je crains que non... (Je prends l'air gêné du type qui se cherche une excuse.) Je préfère... (hésitation) manger frugalement, n'est-ce pas. Je me rattraperai au petit déjeuner, allez !

Un petit rire :

— Je suis un gros mangeur de pain !

Un ange passe. Béatrice me regarde avec des larmes dans ses yeux de poivrote.

— Et puis... (Nouvelle hésitation.) Le pèlerinage est long, très long. Je dois prévoir...

Mes pèlerins se consultent du regard. Ils ont pigé. Sous ce mot terrible, « prévoir », quel catholique ne devinerait pas la terrible détresse matérielle de son prochain ? Or, rien ne lui est plus insupportable que l'inégalité sociale, rien ne le culpabilise autant que le pauvre silencieux et digne. Car n'est-ce pas là la preuve flagrante de l'inattention de Dieu, pour ne pas dire plus ?

C'est encore Béatrice qui trouve la phrase adéquate, celle qui ménage à la fois ma pudeur et mon porte-monnaie :

— Mais voyons, Étienne, nous comptions vous inviter ! Vous avez préparé nos lits, et puis vous nous avez si bien soignés !

— C'était tout à fait normal, Béa. Je...

— Vous ne pouvez refuser ! me coupe son mari.

Le proctologue et les deux autres filles s'y mettent à leur tour, et je finis par céder à la pression.

Pourvu qu'il n'y ait pas de tiramisu !

Où l'on en vient enfin à la première des scènes pour lesquelles tu as acheté ce livre, cher et hypocrite lecteur.

Pierre-André avait un guide des bonnes tables de France dans son barda. Ils choisissent un restaurant correct, situé assez loin de notre hébergement afin que nous puissions nous taper la cloche sans qu'on nous les sonne. Ces trois jours ont été éprouvants, avouent-ils, et ils ont besoin, je les cite, « de se reconstituer ».

Un autre groupe de pèlerins plonge le nez dans ses assiettes quand il nous voit entrer puis, nous ayant identifiés, se remet à s'empiffrer. Péché partagé, péché plus léger !

Le repas se passe bien. Je n'abuse pas, mais j'en profite pour leur montrer ma faim. Au fromage (un délicieux Saint-Marcellin, et une tome de montagne robuste), je cite quelques auteurs, critique les programmes de télévision qui ne laissent aucune place aux Valeurs de la Famille (à part Super Nanny, sur M6) et lâche quelques missiles contre les journaux de notre bord (*Témoignage chrétien*, *Télérama*, *Okapi*, *Astrapi*, le *Nouvel Obs*). Taper sur *l'Huma*, ou sur *Libé* aurait été facile, je sens bien que mes hôtes apprécient ma liberté de ton comme de jugement.

— Et Michel Onfray ?

— Dangereux, très dangereux ! Car intelligent !

— Comme vous avez raison ! approuve sentencieusement Damien, la barbe couverte de miettes.

Je disserte avec indignation sur la mort atroce du père Popiulesco quand Pierre-André me demande ce que je pense de saint Thomas d'Aquin. Je prends le temps d'avaler ma dernière cuillerée de profiteroles, plisse le front et réponds en détachant bien mes mots :

— Saint Thomas ? Pour moi, il est simplement le lien entre la pensée de l'Antiquité et celle du modernisme par les justes questions qu'il pose à la scolastique !

C'est gagné. Mes compagnons m'adoubent en m'offrant un petit cognac. Caroline me couve d'un œil énamouré, Béatrice glousse de plus belle, Évelyne ricane avec indulgence à mes bons mots.

Ils ont bu pas mal de vin de Loire, tous, et, la fatigue aidant, ils sont cuits quand nous quittons le restaurant. Le retour est épique, c'est tout juste s'ils ne se mettent pas à brailler *Les Filles de Camaret* en passant devant le commissariat de police.

Je suis resté en arrière du groupe avec Caroline et nous poursuivons une soi-disant discussion à propos des Juifs et de la presse française. Le temps de se dépêtrer de son discours involontairement mais forcément discriminatoire, nous sommes arrivés à la cure, et les autres se précipitent aux toilettes et aux lavabos.

Je reste seul avec elle, dans le dortoir désert.

C'est le moment de porter l'estocade. Fini de jouer les intellos, redevenons le mâle directif et primaire qu'au fond elles attendent toutes.

— Tu prends une douche, Caro ?

Elle lève sur moi ses yeux gris un peu brouillés :

— Heu... oui.

Sa petite robe à fleurs la boudine un peu, mais ces bourrelets à la taille et aux cuisses sont plutôt attendrissants. Je fixe ses gros seins pressés l'un sur l'autre par le balconnet orné d'une guimpe un peu ridicule, très province, et décide de la jouer naturel. Naturel comme la nudité, tiens : Dieu nous a fait comme ça, après tout, elle avec ses gros seins et ses fesses débordantes, moi avec de quoi me glisser entre, dedans-dehors, dedans-dehors, dedans-dehors...

L'harmonie divine, quoi. Rien que d'y penser, je sens mon goupillon secouer furieusement sa prison de velours.

— Allez ! fais-je joyeusement, comme s'il s'agissait d'un jeu. On la prend ensemble !

— Chiche ?

— Chiche !

— D'accord.

Elle n'a pas le choix, elle le sait bien. Les autres reviennent, leurs serviettes autour du cou, bâillant à fendre l'âme :

— Encore debout, vous deux ? Nous, on se couche !

En trois minutes, ils sont tous au lit. Bientôt, leurs ronflements s'élèvent à l'unisson.

— Eh bien, dis-donc ! (Je rigole.) Au moins, ils ne nous dérangeront pas !

La blonde ne répond pas. Je ramasse nos serviettes, nos trousses de toilette :

— On y va ?

Elle bafouille alors quelque chose en dérobant son visage sous ses cheveux.

— Quoi ?

Elle répète d'une petite voix :

— Est-ce que tu l'as ? Je veux dire, tu en as un sur toi, le même ?

Elle fixe mon étagère, pivoine. Je comprends soudain qu'elle parle de mes suspensoirs sexy et je réfrène à grand-peine un éclat de rire :

— Mais oui, j'en ai un ! Même que c'est toi qui vas me l'enlever, tu veux bien ?

— Je veux bien ! souffle-t-elle en levant sur moi ses yeux brillants.

On se glisse dans le couloir. Quelle chance qu'il n'y ait pas d'autres pèlerins ! Au mois de juillet, c'était foutu, on aurait eu des Allemands, des Hollandais, un Suisse ou deux, sans compter des confréries entières de Français – car les pèlerins adorent se regrouper en confréries, un peu comme les anciens combattants du 75e RI ou les hémiplégiques de Seine-et-Marne.

Mais là, personne. Les abbés sont couchés, eux aussi, ils se lèvent tôt, pour la première messe, à cinq heures du matin – j'ai regardé sur Internet avant de partir, site Messeinfo.

Nous voilà dans les douches. Depuis mon dépucelage à la piscine Molitor, quand j'avais treize ans, ces endroits nickelés, sonores et ruisselants d'humidité m'ont toujours inspiré. Naturellement, il y a les douches femmes et les douches hommes. Pas d'hésitation, je précède Caro chez les femmes : qu'elle soit au moins en territoire ami pour me donner ce que j'attends d'elle !

Elle suit, muette comme une carpe, et reste sans rien dire ni faire tandis que j'ôte mon pull, mon sweat-shirt, mes chaussures, mes chaussettes et mon jean. J'ai pris soin de lui tourner le dos et je dépose mes effets au fur et à mesure sur la paillasse du lavabo – les cathos, ça aime l'ordre.

Quand je n'ai plus que mon slip, je la regarde dans la glace et j'ai le plus grand mal à ne pas éclater de rire à nouveau : je ne suis pas trop mal fichu de ma personne, certes, je n'ai rien d'un saint Jean Baptiste, et pourtant, ça lui fait le même effet. Elle est pétrifiée.

Je lui laisse tout le temps d'admirer le fascinant puzzle de mes muscles dorsaux et fessiers, puis je me retourne lentement et m'adosse au mur :

— Viens.

Elle fait un pas, puis deux, en titubant. Ses prunelles exorbitées sont scotchées sur mon string, et elle respire la bouche ouverte, comme un poisson sur la grève.

— Tu serais mieux à genoux, non ?

Elle acquiesce, docilement. Se mettre à genoux, ça fait partie de leur soumission instinctive au Principe Supérieur, aux cathos. Au Big Brother caché dans les nuages. Elle en plie donc un, puis l'autre.

Son visage s'immobilise à la bonne hauteur, si près que je peux sentir son souffle sur la partie la plus intime de ma personne. Elle reste comme ça un bon moment, comme en prière. L'éclairage fluorescent des lavabos projette une ombre flatteuse sur son visage :

un roc, un pic, un promontoire, que dis-je, la tour de Pise ! Mon sexe, en fait, qui tend à le rompre le voile de mon minislip de Chippendale façon Compostelle.

Le silence est total, à part un robinet qui fuit quelque part et que l'écho réverbère. Tout ici est recueillement, profondeurs ténébreuses, espérance en quelque apparition magnifique. On s'attendrait presque à ce que s'élève un *Dies Irae*, chanté à pleine gorge par un chœur de cathédrale.

— Fais-toi plaisir, Caro, dis-je doucement.

J'utilise volontiers le mot plaisir, il est très nettement dévalué chez les cathos, mais chez les femmes, ça marche à tous les coups. Quand il ne s'agit pas du leur, il s'agit du vôtre, qui leur importe au moins autant. Les femmes, c'est généreux, c'est ce qui les distingue des hommes.

Elle avance une main tremblante et saisit l'élastique à la taille. Je crois que je vais exploser, là, tout de suite, et je ferme les yeux pour bloquer un verrou imaginaire, au ras des... heu, aines. Il y a un soupir très doux, et je sens la ficelle de ce foutu string se décoller d'entre mes fesses pour rejoindre le reste, quelque part en bas.

Quand je rouvre les yeux, Caroline est toujours en adoration, mais cette fois-ci devant l'objet réel de sa fascination, une lisse et roide colonne de chair couleur ivoire, si drue qu'elle semble m'avoir quitté et mener sa vie de son côté, en lévitation pourrais-je dire.

— C'est si beau ! souffle la prosternée. C'est si beau !

Beau ? Je ne dirais pas ça. Ce n'est jamais qu'un

corps aussi caverneux que l'est ma voix quand j'articule avec difficulté :

— Alors, adore-le !

Elle gobe ma verge sans se faire prier. C'est exactement comme dans mes rêves, quand je la voyais avec Pierre-Alain. Ses lèvres coulissent sur toute la longueur, elle s'empale comme si je la poignardais jusqu'au cœur... Jusqu'au cœur, c'est une façon de parler, mais pas tant que ça, car là, surprise ! Cette bégueule est une pratiquante expérimentée du *full contact* ! La fellation intégrale, celle qui ne laisse rien dépasser, pas le moindre centimètre !

Si elle continue comme ça, je vais me laisser déborder et je ne serai plus bon à rien. Je la repousse aussi gentiment que je peux :

— Tu fais toujours comme ça ?

Son regard de noyée se fait humble :

— Pourquoi ? Ce n'est pas bien ?

— Mais si. C'est même tellement bien que... Mais qui t'a appris ?

Elle rosit : :

— Mon curé, quand j'étais jeune.

Ben voyons ! Je claque dans mes mains, gentiment :

— Bon, alors, cette douche, on la prend ?

Si elle est surprise, elle n'en dit rien. Je l'aide à se relever – ses genoux craquent comme une vieille charrue après ces trois jours de marche non-stop – et elle enlève ses vêtements avec beaucoup de simplicité.

C'est une vraie blonde – c'est rare –, et elle est aussi dodue en bas que de partout. Un vrai Rubens ou un Botero. Sa peau pâle se hérisse de chair de poule tandis qu'elle fixe mon sexe avec une extraordinaire avidité :

— Tu ne veux pas que... ?

— Après.

Elle me suit dans le premier bac à douche, je referme le rideau, j'actionne les robinets. Je me place derrière elle. Avec le savon, je la frictionne, d'abord le dos, les reins, les fesses, puis je glisse mes bras sous les siens et j'empaume ses seins.

Ils sont vraiment gros et tombent un peu, mais n'en sont que plus émouvants. Je les enduis de mousse, dans le sens des aiguilles d'une montre, d'abord, puis dans l'autre, cerclant de plus en plus serré sur les aréoles grenues, à peine plus foncées que la peau.

Les bras un peu écartés, renversée contre moi, Caroline se laisse faire sans rien dire. Je pense à l'extase des saintes que l'on suppliciait sur les places publiques, et comme je suis collé à elle par-derrière, ma verge, dérapant sur sa peau mouillée, finit par s'immiscer entre ses fesses – ou est-ce elle qui s'est disposée ainsi pour que ma bosse comble naturellement ses creux ?

Toujours est-il que c'est délicieux. Mon gland ressort par-devant, dans la bande de duvet blond et bouclé qui orne son bas-ventre Je continue de lui savonner les seins, puis je descends, je caresse son ventre, j'y vautre mes mains gluantes tout en donnant des petits coups de reins contre ses fesses. Le savon est tombé maintenant, elle respire plus fort, je m'agenouille derrière elle, à la hauteur de son cul. Il est gros, bombé, je l'embrasse, je ramène mes mains, j'écarte ses deux fesses, je l'embrasse sur son trou du cul, elle a un petit mouvement d'évitement puis s'abandonne... Je me relève, elle est toujours le dos contre mon ventre, je glisse une main entre les deux globes, je caresse son anus, je glisse vers son con, il est large, ouvert, je la branle doucement, comme si je la savonnais, d'abord autour du trou, puis en remontant vers le clitoris...

Avec sa main droite, elle a attrapé ma queue. Sa main gauche est cramponnée à mes fesses, par-derrière. Avec son pouce, elle caresse mon gland, vite, de plus en plus vite, tandis que je plonge mes doigts en elle, un, puis deux, puis tous... Elle se tord en pliant sur ses genoux, elle serre les cuisses, elle jouit en criant. Le bruit du jet d'eau sur le rideau de la douche s'est fait assourdissant, ou bien c'est elle, je ne sais pas, je ne la lâche pas jusqu'à ce qu'elle soit allée au bout de son orgasme :

— Jouis ! Jouis !

— Je jouis ! Je jouis ! psalmodie-t-elle en râlant.

Elle glisse à mes genoux. Les cataractes d'eau chaude me masquent sa tête penchée, mais je sens ses lèvres qui glissent le long de ma verge et s'ouvrent pour me gober... Non, non, ce serait trop facile ainsi ! Je plie les jambes, coince ma verge entre ses deux seins et commence à m'agiter à grands coups de reins tout en la maintenant serrée contre moi.

Est-ce encore son curé qui lui a appris ce truc ? Elle a la bonne idée de m'agripper les fesses et de les écarter !

Ça ne manque pas : je gicle en trente secondes sur sa poitrine et sa gorge, des flots épais, furieux, que le jet de la douche finit par diluer, répandre en une fumée blanche qui disparaît comme par miracle...

Nous restons un long moment ainsi, elle à genoux, moi appuyé sur le carrelage humide, tandis que le pommeau de douche finit de goutter sur nos peaux nues. Caroline a refermé sa bouche sur mon gland pour ne pas laisser perdre les dernières gouttes, je caresse doucement le haut de son crâne. Je songe avec colère que cette femme s'est perdue pour l'amour de moi, qu'elle va devoir confesser sa faute à quelque eunuque professionnel, s'humilier devant son mépris, se repentir et promettre de ne pas recommencer, tout cela parce qu'elle est catholique. Ah, les joies de la chair se payent cher chez ces gens-là !

Chez moi, elle se paye d'une torpeur délicieuse, d'un assouvissement profond des sens et du mental. Demain, il ne me restera de cette étreinte que la satisfaction profonde d'avoir connu un corps de plus, de lui avoir apporté et d'en avoir retiré les joies les plus hautes que les êtres humains sont capables de se donner. Je sais que je n'en éprouverai non seulement aucune culpabilité, mais une sorte de fierté. Demain est une récompense pour celles et ceux qui, comme moi, ne croient en rien mais jouissent de tout.

La bouche de Caroline a deviné ma joie à quelque mouvement profond de ma chair. Sa nuque, de nouveau, monte et descend régulièrement. Le fourreau de sa langue dresse ma dague tandis que ses petites mains aux ongles usés vont chercher, loin en arrière, la porte secrète qu'elles forceront en me faisant crier.

Alors que nous revenons au dortoir et que je la remercie, elle a juste cette phrase enfantine qui montre bien à quel point, au fond, elle n'est pas libre :

— On fera comme s'il ne s'était rien passé, n'est-ce pas ? Je préfèrerais que personne n'en sache rien...

Ne crains rien, Caroline. Il y a encore tes deux copines, et le pèlerinage ne fait que commencer.

Jeudi 14 septembre.
Où le lecteur repu d'émotions nobles enchaîne avec une marche de six heures dans le Morvan, histoire de lui faire les pieds.

Suis réveillé tôt par une érection matinale que je ne peux enrayer en collectivité avec les moyens du bord. Je sors acheter des croissants et rentre préparer le petit déjeuner dans la cuisine attenante au dortoir.

Toute la troupe dort encore avec des ronflements de barrique. La première à se réveiller est Caroline. Elle vient me rejoindre alors que j'en suis à ma troisième tasse de café. On s'embrasse chastement mais son corps dodu est brûlant sous la chemise de nuit achetée à la CAMIF, et elle remettrait bien ça, à l'évidence.

Je m'y attendais. Ce n'est pas que je ne veuille pas, mais entreprendre une liaison dans un groupe aussi restreint, c'est se mettre à dos *toutes* les autres femmes. Or, je les *veux toutes.* Sinon, à quoi rimerait mon étude ?

Comme elle commence à retrousser sa chemise sur son ventre rond, je me lance dans un bel argumentaire hypocrite, comme elle est accoutumée à les lire ou les entendre dans l'exercice de sa religion :

— C'était super hier, Caro, mais je crois, pour toi comme pour moi, qu'il est préférable d'en rester là. Faute avouée est à moitié pardonnée, d'autant que je me suis confessé ce matin, tôt, auprès d'un des abbés. Je te suggère d'en faire autant, tu n'en auras que le cœur plus léger pour repartir d'un bon pied.

La formule a beau être approximative, elle fait mouche. Caroline acquiesce rêveusement à la proposition en trempant sa viennoiserie dans son chocolat, mais je vois au regard qu'elle coule vers un endroit précis de ma personne qu'elle aura du mal à tenir sa position.

Mais qu'irais-je la plaindre, après tout ? La lutte contre le démon fait partie de la condition du catholique. Elle lui est consubstantielle, mieux : nécessaire. Pour croire au paradis, il faut le mériter.

Son petit déjeuner englouti, elle disparaît se confesser, non sans m'avoir soufflé au passage qu'elle a « adoré le goût de mon foutre et qu'elle aurait aimé que je l'encule ».

Mon dieu, cette religieuse s'exprime comme un grenadier ! Mais je dois dire que je ne déteste pas ça : la vulgarité, ça n'a vraiment de classe que dans l'amour. Il faudra que je pense à lui demander son adresse électronique avant de disparaître de la circulation.

Je suis en train de lire un vieux numéro du *Pèlerin magazine* quand, une demi-heure plus tard, toute la troupe se lève. Pipi, caca, petite toilette, mal de crâne, mal de pieds, courbatures et petit déjeuner dont chacun me remercie avec effusion. Ai-je dit que l'on se tutoie, maintenant ? C'est venu dans la conversation, l'autre soir, alors qu'on discutait des mérites comparés de Jean XXIII et Jean-Paul II. Après tout, nous sommes entre gens du même monde.

Caroline, ragaillardie de s'être confessée, n'est pas la dernière à me donner du « tu ». Qui se douterait que cette nuit, dans les douches pour filles, elle m'a laissé gicler sur elle et fait jouir dans sa bouche ? Voilà ce que j'aime par-dessus tout dans la sexualité, c'est la folie douce de cette vie supplémentaire qui vous est donnée, sans limites, sans tabous, sans comptes à rendre.

Sauf chez les catholiques, bien entendu.

Arrive le moment où il faut bien repartir. Pour ne pas avoir à me trimballer toute l'équipe, je préviens que j'emprunterai pour ma part le GR31 avec une halte à Saint-Martin-d'Auxigny :

— Un chemin pentu qui élimine les plus fatigués, précisé-je, mais j'éprouve le besoin de confronter ma Foi à cette épreuve. Je comprendrai que vous ne veniez pas. Donnons-nous rendez-vous à Bourges, dans deux jours !

C'est énorme, je sais bien, mais un tel fanatisme dans la mortification décourage toute critique. Après un instant de réflexion, le couple Damien-Béatrice décide de me suivre, Paul-André, Caroline et Évelyne optant pour l'itinéraire traditionnel, Paul-André à cause de sa tendinite, Caro parce qu'elle a eu une nuit courte, et Évelyne parce qu'elle se méfie de mes initiatives.

Cette Évelyne me semble la moins catholique de tous, pour tout dire. Je me demande ce qui l'a amenée à suivre le pèlerinage, alors que les raisons que j'ai de le faire, moi, sont tout à fait claires dans mon esprit. Ça ne me la rend pas moins sympathique, car j'aime le mystère.

Et les androgynes, aussi.

On va donc faire comme ça. Je serai plus tranquille pour approcher Béatrice : un mari, ce n'est jamais difficile à écarter, ce sont les plus aveugles.

En route ! On se quitte devant l'église. Caroline me jette un long regard, l'abbé qui a recueilli sa confession m'en jette un autre. Je suis déjà devant.

Jusqu'alors, j'ai évité la marche, maintenant, je n'ai plus le choix. Je m'y suis préparé, bien sûr, en faisant la « coulée verte » à Paris les dimanches matins, aller-retour, et en randonnant en forêt de Fontainebleau avec ma copine la vendeuse, mais je crains que ce ne soit pas suffisant. Draguer la catholique sur les chemins de Compostelle demande un excellent état physique, et pour les fainéants et les sédentaires, mieux vaut aller tirer une autre faune : les antiquaires par exemple, les marionnettistes, les étudiantes en sociologie, les boulangères ou les ministres de l'Intérieur, que sais-je encore...

Comme je le craignais, la première partie du parcours est extrêmement pénible. D'abord parce que le Morvan n'arrête pas de monter et de descendre, ensuite parce que Damien et Béatrice n'arrêtent pas de s'engueuler. C'est la surprise, ça. Tout cathos qu'ils sont, ils se chamaillent, s'insultent et se reprochent des trucs vieux comme Hérode. Un couple, quoi ! Qu'ils s'affichent catholiques n'implique pas pour autant qu'ils pratiquent l'oubli des fautes et le pardon.

Je me garde bien d'intervenir. Barbe en avant, plantant son bâton avec vigueur, Damien avance comme un tracteur, à lentes et régulières foulées. J'ai du mal à suivre et son épouse est toujours à la traîne. Toutes les dix minutes, il s'arrête et l'apostrophe avec aigreur. Elle réplique sur le même ton tout en s'approchant et une fois qu'elle l'a rejoint, ils restent là dix autres minutes à déballer leurs vieux griefs ; là-dessus, ils finissent par repartir, d'abord ensemble, puis s'éloignant l'un de l'autre de plus en plus jusqu'à ce qu'ils soient séparés de nouveau de plusieurs centaines de mètres, et ça recommence...

Je vais de l'un à l'autre, pour ne pas prendre partie, encore que ma sympathie aille à cette malheureuse Béatrice. Le paysage est sublimement brumeux, les lourdes ramures des sapins dégoulinent d'humidité et cette humidité s'insinue sous nos blousons et nos cache-nez. Nos pas s'entendent à peine dans la mousse épaisse. Damien mène toujours un train d'enfer.

Au bout de trois heures, il a disparu très en avant de nous. Je ralentis pour que Béatrice me rejoigne.

Elle a mis pour marcher un bermuda bleu marine (évidemment), un blouson zippé de coupe militaire, bleu lui aussi et, dessous, un pull à col boutonné probablement acheté dans une coopérative bretonne – bleu, encore. Son joli visage aux traits tirés fait paraître encore plus grands ses superbes yeux (bleus). En dépit de cet uniforme, je la trouve très attirante. Elle a perdu ce subtil contrôle d'elle-même qui rend son maintien si austère. Bref, elle est redevenue humaine.

On s'assoit sur une pierre plate. Je l'aide à ôter son sac. Ma main frôle sa poitrine comme par inadvertance mais elle ne bronche pas.

— Ça va, Béatrice ?

— Rien ne l'oblige à faire ça ! siffle-t-elle tandis que le rouge de la colère envahit son front et sa gorge. C'est un forcené, il veut toujours se dépasser et dépasser les autres !

— Je le trouve gentil, moi, dis-je. (Toujours dire du bien des maris des femmes que l'on essaye de séduire.)

Elle pousse un petit rire hennissant :

— Penses-tu ! Il ne supporte pas que tu sois arrivé avant lui hier ! Tu vois le niveau...

— Vraiment ?

— Tu es jeune, toi, glisse-t-elle en me jetant un regard en biais. Musclé, en pleine forme ! Lui, il vieillit. Il ne supporte pas. C'est le chef, il veut toujours être le premier.

— J'avais cru comprendre. Le pèlerinage, c'est son idée ?

— Évidemment. Il a pris un trimestre sabbatique, pas question de ne pas arriver au bout. Il en crèverait de honte ! (Elle lève son petit poing dans un geste de colère enfantine). Toujours premier ! Toujours gagnant ! Oh, j'en ai plus qu'assez !

Mais, en même temps qu'elle dit cela, je sais qu'elle admire aussi la performance chez les hommes. Je sais qu'elle aime son Damien parce qu'il est fort, mais je devine aussi qu'elle aime prendre du temps et que son barbu ne sait plus en prendre.

Je botte en touche, histoire d'alléger le climat :

— Vous avez des enfants ?

Toujours demander des nouvelles des enfants aux mères de famille, ça vous rend attachant.

— Deux. Charlotte et Eustache. On les a confiés à ma mère. (Elle a un soupir découragé). Tu sais, je crois que je ne tiendrai jamais trois mois à ce rythme !

— Allez, Béa, c'est le début ! C'est toujours difficile.

— Déjà que c'est dur maintenant, mais tu imagines décembre en Espagne ? La neige, le froid ! (Elle a un geste pour montrer les sapins noyés de brume, les fougères emperlées de rosée, le ciel bas.) On va y rester, oui !

Je pose mon bras sur ses épaules, en frère :

— Mais non ! Le Seigneur veille sur lui et sur toi ! Regarde, moi, avec ma maladie, j'y arrive bien !

Très bon, le coup de la maladie, au cas où elle l'aurait oublié. Du coup, elle se laisse aller : je sens ça au relâchement de tous ses muscles. C'est vrai qu'elle est jolie, cette fille, quand elle oublie d'être bien élevée. Sa peau sent bon. Son catogan de bourgeoise est plein de chardons, je les enlève doucement avec les doigts.

— Tu DOIS y arriver, pour l'amour de notre Seigneur ! Pense aux apôtres, à Jean, à Pierre, à Jacques, qui tous ont souffert le martyre ; qu'est-ce que cette petite épreuve, à côté de celles qu'ils ont endurées ?

Elle tourne son visage vers moi. Nos bouches ne sont plus qu'à dix centimètres l'une de l'autre.

— Tu as raison. Comme tu es bon, Étienne ! Et si droit, si généreux ! Est-ce Lui qui t'a placé sur notre chemin ?

Je comprends in extremis qu'elle parle de Jésus, ou de son Père qui est aux cieux. C'est tellement énorme que je me mords la langue pour ne pas éclater d'un rire dément. Musclé, solide, honnête, profondément religieux, tout ça... alors que je me veux athée, retors, d'un cynisme à toute épreuve !

Un type normal, quoi.

Mais gaulé comme un bambou, il faut bien le dire, et surtout maintenant. Je donnerais tout au monde pour qu'elle pose sa petite main sur ma braguette.

Elle continue, les yeux perdus dans le vague :

— Tu sais, Étienne, on vient lui et moi de bonnes familles catholiques. Mon père a fait Saint-Cyr, le sien était à Polytechnique. Notre fils a été ordonné prêtre il y a un an, notre fille est à l'école de la Légion d'Honneur. Ce sont notre culture, notre monde, nos valeurs, mais c'est chiant, parfois, c'est chiant ! Faire toujours les choses par obligation, jamais par plaisir, avoir bon cœur, quand notre âme est si noire...

Elle en a dit beaucoup, là, et du coup, elle se tait. Je sens la chaleur de son corps, elle sent la chaleur du mien. Devant nous, une longue pente plantée de conifères. Si Damien retournait sur ses pas, on le verrait de loin...

On en a envie tous les deux, mais ce n'est pas encore le moment, je sens ça.

Quand je lui tends la main pour qu'elle se lève, elle a un petit sourire navré mais me suit sans protester.

Où le lecteur et la lectrice se voient enfin comblés par le récit détaillé d'une abdication totale et décident d'aller jusqu'au bout de ce récit édifiant.

On marche à notre pas, sans plus se parler puisqu'on s'est compris. Le brouillard finit par se lever, et vers midi, nous apercevons notre Riboul-dingue penaud, assis contre un arbre.

Il a ôté ses chaussures et préparé un repas sommaire mais bienvenu ; saucisson, fromage, fruits séchés et Toblerone.

Je me laisse tomber à ses côtés tandis que Béa va s'asseoir plus loin, nous ignorant avec ostentation. C'est le moment de mettre un peu d'huile dans les rouages, et je m'y emploie habilement, ainsi qu'il sied à mon personnage :

— Quel marcheur tu fais, Damien ! Ah, je ne fais pas le poids, mon vieux ! Tu m'auras semé avant l'Espagne !

Son visage renfrogné s'éclaire :

— La ré-gu-la-ri-té, mon vieux, la régularité ! C'est tout le secret du marcheur ! En tout cas, je te remercie d'avoir attendu Béa.

Je lui envoie une fraternelle bourrade :

— Tu rigoles, c'est elle qui m'a attendu !

Ça le fait pouffer, et du coup, Béa l'imite. Leur couple n'est pas fini puisqu'ils savent encore rire ensemble, mais le regard qu'elle me glisse en dessous montre bien qu'elle lui garde un chien de sa chienne. Moi, en l'occurrence.

La paix revenue, nous mangeons. Nous mangeons comme les pèlerins mangent, vite et mal, parce que monsieur, décidément incorrigible, a déjà envie de repartir. Il a sa moyenne à tenir.

Je tente alors un truc un peu risqué, mais qui peut valoir le coup :

— Écoute, Damien, tu as ton rythme, tu dois le respecter sinon tu vas te faire du mal. On ne fait pas rouler une Ferrari comme une Papamobile, alors si tu veux partir devant, n'hésite pas. On te rejoindra à Saint-Martin...

— Heu, je ne sais pas, commence-t-il.

J'ajoute :

— Comme ça, tu auras tout préparé pour nous, et on n'aura plus qu'à se mettre à table, comme maintenant !

Il consulte sa femme du regard, Béa baisse les paupières sans rien dire, mais ça doit lui suffire parce qu'il saute sur l'occasion :

— Eh bien d'accord. Mais tu n'oublies pas, hein ? La régularité ! Y a que ça !

— La régularité, Damien. Et une petite prière à notre Seigneur, quand ça monte trop fort !

— Naturellement ! Dieu nous voit !

— Il nous voit, Damien, et Il nous approuve !

Le voilà parti, non sans avoir déposé un chaste baiser sur le front de son épouse. Baiser qu'elle accueille sans laisser transparaître quoi que ce soit.

On prend le temps de siroter un infect Nescafé tiédasse et à treize heures trente, on lève le camp, elle et moi, la pèlerine et le pèlerin. Le pèlerin avec son bourdon à deux bosses, mais pas à l'endroit où on le voit ordinairement.

La lumière a envahi les vallons. Sous le soleil, les cheveux de Béatrice sont étonnamment brillants et presque blonds. Son visage est moins dur dans l'effort que dans la détente, la sueur de son front devient des larmes en glissant sur ses pommettes.

Au bout d'un moment, alors qu'on traverse une forêt de chênes, elle ôte son pull, et le noue autour de ses reins. On avance sans rien se dire, en pleine communion. Ses seins remuent un peu sous le corsage que les bretelles de son sac à dos plaquent sur sa peau. Un petit 85, à vue de nez, pas un généreux 90 bonnets profonds comme Caroline, mais ça lui va bien. Je me tourne vers elle de temps en temps, elle me sourit.

Après deux heures de marche, Damien est trop

loin devant pour le distinguer encore au bout d'un chemin ou sur un surplomb. Il fait chaud, l'herbe sent bon. Les cuisses nues de Béa cisaillent la lumière, une deux, une deux. La régularité.

Je propose :

— On s'arrête deux minutes au soleil ?

J'ai à peine terminé ma phrase que son sac est à ses pieds. Elle s'allonge dans l'herbe, s'étire. Regarde autour d'elle et remarque sournoisement :

— Il n'y a personne.

— Personne. C'est un désert, ici. Et viendrait-il quelqu'un qu'on l'entendrait à des kilomètres.

Rassurée, elle s'allonge de nouveau.

— On est bien, non ?

Je dis :

— On est bien.

Je regarde ses cuisses. Jolies cuisses, très blanches, un peu minces, comme le reste. Le genou est charmant. Elle sent mon regard mais ne pipe pas. À l'endroit où la chair disparaît sous l'étoffe du bermuda, l'ombre est presque violette.

Je me demande comment est sa toison ? Fournie, sans nul doute. Les cathos ne touchent pas à ce que le Seigneur leur a donné, quitte à risquer l'hirsutisme. Caroline est épilée, presque intégralement, juste une petite bande de poils, où mon sexe s'ébrouait comme un chiot sur un paillasson. Je ne l'ai pas baisée, *stricto sensu*, mais j'ai envie de baiser Béa. C'est comme ça. Béa est une place forte, elle doit s'investir. Caroline était une ville ouverte, on pouvait en rester aux premiers guichets.

Je lui propose à boire à ma gourde. Elle boit, comme les gens fatigués boivent. Elle s'allonge de nouveau et ferme les yeux.

— Tu n'as jamais été marié ?

Je mens :

— Non. J'ai toujours voulu rester libre pour... oh, je ne sais pas... pour accueillir une vocation, je crois. Dieu. Ou une femme. LA femme.

— Et tu ne l'as pas trouvée, dit-elle doucement.

— Jusqu'à hier, non.

Elle tourne la tête et me regarde. Quoi de plus bouleversant qu'une catholique qui va se donner ? Qui entre dans le péché, au risque de se damner, mais y va bravement, sans se retourner ?

— Tu sais que ce n'est pas possible, n'est-ce pas ?

Elle doit parler de l'Amour, cette escroquerie imbécile et géniale inventée pour faire tenir le corps social, préserver le capital et marginaliser les esprits libres. Ou du mariage. Chez les cathos, c'est la même chose.

— Heu...

— Ce n'est pas possible, mais on peut se faire du bien, achève-t-elle dans un souffle.

Doucement, elle prend mes mains dans les siennes et les pose sur sa gorge. Alors, je me penche et embrasse ses lèvres sèches, brûlantes :

— Tu es sûre, Béatrice ? Rien ne presse.

— Je me suis rarement sentie aussi fragile, aussi fatiguée. (Elle inspire un bon coup et là, elle y va franchement.) Et rarement aussi excitée !

Elle se soulève d'un mouvement gracieux, envoie

ses mains derrière son dos et dégrafe elle-même son soutien-gorge, sous le corsage. Une fois cela fait, elle s'allonge de nouveau, les yeux mi-clos, la respiration sifflante.

— S'il te plaît, Étienne...

Alors j'allonge mes mains de prédateur, je déboutonne son corsage moite de sueur, j'en repousse les pans. J'écarte la lingerie froissée, ses seins sont petits, leurs pointes longues comme la phalange d'un doigt, très brunes. Je me penche et les prends dans ma bouche, alternativement. Elles ont un goût de sel. Elles se raidissent instantanément.

Je remonte, je l'embrasse, plongeant ma langue dans la caverne tendre et luisante de salive. Elle veut me rendre son baiser mais je capture doucement ses poignets, les ramène dans son dos et la cambre :

— Offre-toi...

Elle me donne encore ses seins. Je les mange, l'un et puis l'autre, ma main gauche se glisse entre ses cuisses...

— Tu veux ?

Elle gémit :

— Je te veux.

Elle a glissé sur les fesses pour amener ma main contre son ventre. Je continue de l'embrasser et descends son bermuda sur ses cuisses. Pendant ce temps, sa main tâtonne, explore, capture la bosse arrogante qui déforme mon pantalon :

— Ooooh ! Comme tu es gros !

Dit-elle cela à son tyran de mari quand ils font l'amour ? Oui, bien sûr. Après vingt-cinq ans de mariage, que peuvent-ils se dire qu'ils ne se sont déjà dit ? Les mêmes mots, toujours les mêmes gestes, la routine rassurante, confortable, des époux. Eh bien, je vais t'en faire sortir, moi, de ta routine !

Je fais passer au bermuda l'obstacle des genoux, puis des pieds, je me redresse pour l'enlever tout à fait et elle en profite pour déboutonner ma braguette avec la promptitude d'une professionnelle, glissant aussitôt sa main fraîche dans mon slip.

— Vite, vite, fais-moi du bien !

Le bien, le mal, elles n'ont que cela à la bouche ! Comme s'il n'y avait pas une infinité de nuances entre les deux ! Je creuse le ventre pour l'aider à faire glisser mon pantalon et mon slip, et je sens sur mon gland la fraîcheur de l'air, délicieuse. Dans le même mouvement, j'écarte l'entrejambe de sa culotte, je me faufile à l'intérieur, plonge les doigts dans le buisson ardent...

C'est bien ce que je pensais. Elle n'a pas dû le tailler depuis la puberté.

Elle est nue, maintenant, à l'exception de ses grosses chaussures de marche. Contraste saisissant, excitant, même : on dirait une bagnarde surprise au moment où elle se rend à la douche. Son ventre se soulève rapidement, ses seins sont devenus encore plus pointus, une vilaine grimace déforme sa bouche :

— Baise-moi ! Maintenant ! Punis-moi ! Punis-moi !

Et voilà, ça lui a échappé : elle espère la punition avant même d'avoir péché ! C'est ça, la baise catho : perdition et rédemption, macération et mortification, punissez-moi parce que j'ai péché, repêchez-moi parce que j'ai avoué. J'écarte brusquement ses cuisses, en grand, et colle ma bouche sur sa vulve.

— Oh, saint Dieu ! braille-t-elle au-dessus de moi.

Les poils crissent sous mes dents tandis que je la lèche. Mélange sublime de transpiration, d'odeurs *sui generis*, d'urine, de forêt : un bouquet de délices ! Je m'en enivre, je m'enfonce, je me vautre, je me trempe et m'englue.

La chanson de Julien Clerc tourne dans ma tête : *Femmes...*

En relevant un peu la tête, je vois qu'elle est parvenue à prendre ma verge dans sa bouche. Elle me suce avec application comme sucent les catholiques : les dents ne sont jamais loin, elles y mettent du cœur mais pas d'appétit, leur mauvaise conscience leur souffle que la bite de l'homme n'est vraiment la bienvenue que pour ensemencer. Ce n'est pas Caroline et son full contact, c'est maladroit mais agaçant : personne, en trois décennies, ne lui a donc appris à pratiquer une fellation correcte ?

— Attends, je vais te montrer...

J'amène mon sexe au-dessus d'elle, un peu comme un saucisson mis à sécher, et lui apprends le rythme, en appui sur la pointe des pieds pour qu'elle n'ait qu'à faire coulisser ses lèvres...

— Oui, oui...

Elle s'y met vite. Je baratte le fond de sa gorge, lentement, puis de plus en plus vite, puis de nouveau lentement. Tout ça sans cesser de mordre et lécher son clitoris dans sa saline clapotante de varech, tout ça sans cesser de branler l'intérieur de sa chatte avec un doigt.

Au-dessus de nous, les oiseaux poussent leurs trilles étourdissants. Je suis sûr que des sangliers matent, dans les sous-bois.

Quand je fais pivoter ma catholique sur les fesses, elle est on ne peut plus prête à être prise. Ruisselante, empourprée, on dirait une bacchante, et sûrement pas une de ces saintes anorexiques qu'elle est habituée à voir dans son missel. Elle me fait face, jambes ouvertes sans pudeur, et se cambre :

— Ah, Étienne, tu me rends folle !

— Ce ne sera qu'une fois, lui soufflé-je en lui empoignant les fesses. Profites-en !

Je l'attire à moi, la juche sur mon ventre, j'ouvre son sexe et appuie mon gland tuméfié sur le tendre coussin des grandes lèvres.

Est-ce qu'on n'a pas oublié quelque chose ? Elle est comme en suspension, la bouche ouverte, les yeux fous, attendant que je m'enfonce en elle.

— Tu n'as pas peur, sans capote ?

Elle secoue la tête, furieusement :

— Tu es le premier. Si tu es sûr de toi, vas-y !

Soit. Je l'enfile très lentement, en lui tenant les hanches. Je vais loin. Elle s'ouvre plus, pour que je la pénètre mieux encore. Elle répète en grognant :

— Elle est grosse ! elle est grosse ! elle est grosse !

Je marque un long temps d'arrêt lorsque je suis au fond d'elle. J'ai une idée qui est bien dans mon caractère : la croix en or qui oscille entre ses seins, je la lui fourre dans la bouche.

— Suce !

Aussitôt, elle jouit. Crescendo. En apnée totale. Au bord de l'asphyxie. Criant malgré tout à pleine gorge :

— Nom de Dieu de bon Dieu de bordel de Dieu de sacre Dieu !

Quand je sens que je ne peux plus tenir, je m'extirpe d'elle et me répands d'un jet interminable sur son ventre blanc.

Jeudi 14, vendredi 15 septembre. Saint-Martin-d'Auxigny.
Où le narrateur, tout cynique qu'il est, s'en voit remontrer par ses amis catholiques.

Nous avons marché quatre heures avant de rejoindre son mari. En chemin, Béa m'a raconté sa vie, ses difficultés, ses renoncements, mais aussi ses étranges bonheurs de catholique pratiquante : la messe tous les dimanches matins à Saint-François-d'Eylau – ce sont des parisiens, en fin de compte –, le baptême des enfants, la confession hebdomadaire, sa certitude d'avoir une deuxième vie après celle-là. Bref, l'équivalent de ces rituels et de ces croyances qui nous font tant rire chez les Pygmées ou les Indiens de l'Altiplano. Je me m'y ferai jamais.

Rendue euphorique par le plaisir, elle n'arrêtait pas de parler, et au bout d'un moment, pour la faire taire, je l'ai mise en croix sur la fourche d'un arbre et je lui ai fourré sa culotte dans la bouche. Je l'ai prise *a tergo*, vite fait, sans aller jusqu'au bout, rien que pour le plaisir de la voir onduler des fesses.

Heureusement qu'après elle avait des barres chocolatées dans son sac, parce je me suis payé un début d'hypoglycémie pas piquée des hannetons. Il m'a fallu une bonne demi-heure pour récupérer pendant qu'elle marmonnait ses bon Dieu de bordel de Dieu de saint Dieu et je ne sais quoi encore.

Quand on s'est relevés, j'avais les jambes qui tremblaient comme de la gelée et j'ai cru un moment que je ne pourrais pas faire un pas de plus, mais c'est revenu et cette fois on a mis le turbo pour ne pas trop faire attendre son mari.

Bref, vers les seize heures, on arrive à Saint-Martin-d'Auxigny, littéralement vidés. Fier de nous avoir précédés, lavé et habillé de frais, Damien nous attend à la terrasse d'un bistrot : il a trouvé deux chambres et retenu une table dans la meilleure auberge du coin.

— Pas trop crevés, les amis ?

— En pleine forme ! répond Béatrice, qui a deux énormes cernes bleutés sous les yeux.

— C'est vrai que c'est mieux quand on marche à son pas, reconnaît-il de bonne grâce. Tu as eu une bonne idée, Étienne, on refera comme ça demain.

Ils s'embrassent pour faire la paix. Par-dessus son épaule, Béa me fait une grimace moqueuse : il n'y aura pas de demain, une fois ça va, deux fois bonjour les dégâts, mais sacre Dieu de bon Dieu de bordel de

Dieu, je lui ai bien bourré le cul !

Enfin, j'interprète ça comme ça.

La soirée passe agréablement. Le couple finit son repas en amoureux, à telle enseigne que je finis par me sentir en trop. Car elle est bel et bien en train de le tripoter sous la table, là, et notre barbu se trémousse comme une vierge effarouchée !

Un doute me vient à l'esprit : et si ce n'était pas sa première aventure ? Si elle m'avait menti ?

Comme je croise son regard, elle me sourit joyeusement, genre : et alors ?

Et alors, oui, quelle importance ? Une petite confession, trois *Pater*, deux *Ave*, et elle pourra recommencer. Demain, la semaine prochaine, ou jamais. Quelle importance, en effet ?

— Une petite fine ? propose Damien, béat.

Je me lève (bon sang, elle m'a vidé de ma moelle) :

— Non merci ! Demain, je démarre très tôt.

— Toujours en solitaire ?

— En solitaire mais avec Lui.

Je montre quelque chose au plafond, qui n'est pas le lustre. Plus catho que moi, on ne fait pas.

— On se retrouve où ?

— Bourges, comme prévu ?

— Entendu

Au fond, il n'a pas plus envie que moi qu'on fasse la route ensemble. Grand seigneur, il insiste pour payer. Bah, si ça lui fait plaisir...

Cette nuit-là, je suis réveillé par des hurlements de chatte en chaleur : c'est Béa, dans la chambre à côté, qui s'en donne à cœur joie. Son mari devant

Dieu y va comme un forcené, le lit craque et cogne contre le mur, il lui dit des trucs incroyables que même moi je n'oserais pas proférer.

Elle aime ça, elle en redemande, elle râle de plaisir :

— Oh ! bordel de bordel de nom de Dieu de bon Dieu ! Vas-y, oui, fort, fort, enfonce, enfonce ! Dans la viande ! Dans la viande !

Ces abonnés à *Télérama*, tout de même, rien ne les arrête.

J'en suis sûr, maintenant : elle l'a trompé avec son accord. Elle a dû lui raconter tout ce qu'on a fait ensemble, pour l'exciter – on sait bien comment ça se passe dans la tête des hommes, ce marécage – et du coup, il la prend comme un enragé.

Ils font donc comme tout le monde, les cathos, les accommodements avec la morale, les petits trucs bien pervers pour faire monter la tension, rétablir l'électricité après dix ans de mariage ?

Je me mets à rire dans mon lit, et à rire si fort qu'ils finissent par m'entendre, de l'autre côté du mur. Et ils se mettent à rire, eux aussi ! On se marre comme des bossus, tous les trois, jusqu'à ce que d'autres clients de l'hôtel se mettent à taper sur le plancher.

La dernière pensée qui me vient avant de glisser dans les bras de Morphée, c'est que je suis bien innocent de m'étonner de tant de duplicité chez des cathos. Qu'attendre d'autre, en effet, d'une religion qui interdit la sexualité à ses prêtres mais tolère tant de pédophiles au sein même de son personnel séculier, qu'un solide pragmatisme ? Elle a depuis longtemps appris à composer avec les esprits animaux : à eux la nuit, à elle le jour.

Dieu ferme boutique à vingt heures, comme tous les épiciers.

Au petit matin, je me lève, comateux mais joyeux. Un brouillard dense étouffe tous les sons, on est vendredi, jour maigre. Je fais mon sac, règle ma note et quitte l'hôtel pour aller boire un café repéré de la veille, un troquet si vétuste, si sale, qu'il a dû accueillir les premiers pèlerins en route pour Compostelle voilà dix siècles.

On y est tranquille, une bouilloire chauffe dans un coin en sifflotant, des tourterelles roucoulent dans une cage, il y a des affiches altermondialistes au mur et un grand portrait d'Alain Krivine au-dessus du percolateur.

J'en profite pour jeter quelques notes dans un carnet de moleskine qui ne quitte jamais ma poche. L'objet de ce périple restant, faut-il le rappeler, d'écrire un journal pour édifier les masses laborieuses. Le bilan est globalement satisfaisant, j'ai baisé deux catholiques en 48 heures, je doute que j'eusse fait mieux au siège du parti socialiste, rue de Solférino, ou chez les Témoins de Jéhovah. Une performance honorable, dont je dois partager les mérites avec les susdites catholiques, il est vrai.

Maintenant, au tour de la grande brune, Évelyne. Après, je me mettrai en chasse d'une catholique intégriste, pour changer.

Alors que j'étais en train de payer ma consommation, le patron, jeune type à moustaches en crocs et mains d'égorgeur, m'apprend qu'il part pour Bourges dans une heure, chercher une livraison. Impossible de me présenter comme pèlerin catholique pour voyager gratuitement : j'ai compris que c'était un militant de la Ligue Communiste Révolutionnaire Berrichonne. D'ailleurs, il a posé « Rouge » bien en évidence sur le comptoir.

J'oriente alors la conversation sur les délocalisations d'usines de chaussettes et tente de me faire passer pour un délégué CGT en RTT, mais mon accoutrement et, disons-le, ma distinction naturelle ont éveillé la méfiance du bonhomme. J'ai beau le tutoyer, il continue de me vouvoyer avec obstination et consent juste à me lâcher à la gare :

— Vous arriverez bien à temps pour faire vos singeries ! assure-t-il en montrant d'un menton méprisant la croix de bois que j'ai passée autour de mon cou.

Je change de registre :

— Écoutez, camarade, ça doit être compliqué, le train, avec les changements, tout ça... Je participe aux frais d'essence, ça vous va ?

Il accepte, contre un billet de vingt euros. Pas de cadeau aux ennemis du peuple. Au moins, je n'aurai pas à faire l'aimable.

Et puis, je pourrai regarder la route et prendre des notes, des fois qu'on me pose des questions sur le trajet – je suis censé le faire à pied, bien sûr. Caroline, Pierre-Alain et Évelyne m'attendent à Bourges, le couple infernal va nous rejoindre et ça discutera ferme des mérites comparés de telle ou telle chapelle. J'ai intérêt à me montrer à la hauteur.

Où notre pèlerin lubrique tombe sur une sainte particulièrement émouvante dont le lecteur espère, sans le dire, qu'il fera son ordinaire.

Bercé par la route cotonneuse, la conduite pépère du camarade et les chansons de François Béranger sur Radio Anarchie, j'ai fini par me rendormir. Quand j'ouvre un œil, il est trop tard : on est dans les faubourgs de Bourges.

Du coup, il va falloir que je change mes plans. Le mieux serait de me trouver un autre groupe de pèlerins à qui je puisse raconter une autre histoire. Ça ne devrait pas être trop difficile, ici.

« Bourges est la ville de Jankélévitch », ai-je noté quelque part. J'avais oublié que les cathos aiment bien Janké, lequel parlait de l'amour comme de la vertu suprême – un peu comme Péguy, Charles de son prénom, le pire poète du XIXe siècle. D'ailleurs, les chrétiens en général n'ont que ce mot-là à la bouche, quand ils ne parlent pas du Bien et du Mal. L'amour ! L'amour ! L'amour ! une sorte de dénégation éperdue devant la réalité de la nature des choses et des hommes, alors qu'ils ont évangélisé l'Amérique du Sud en massacrant la moitié de sa population.

Si Caro et Béa ont certes été des partenaires en amour délicieuses et inventives, je n'oublie pas que les cathos sont d'abord et avant tout des évangélistes à la ténacité diabolique, sûrs d'eux et de leur bon droit.

Consolons-nous : Bourges est aussi la ville de Boucher, le peintre des chairs débordantes, des corps exultants et mignards. Mais les bourgeoises que j'aperçois dans les rues, et aussi les étudiantes et les femmes qui font leurs courses, sont toutes minces, pour la plupart... Si Boucher vivait aujourd'hui, que ferait-il de ces culs *taillefinisés* ?

Il est dix heures du matin quand le suppôt de Staline me lâche devant les grilles de Saint-Étienne. Les cloches battent à toute volée, les portes sont ouvertes, une petite foule de fidèles se presse à la seconde messe : de vieilles femmes surtout – les maris sont morts depuis belle lurette, patenôtres et enterrements des copines sont leurs seuls divertissements –, quelques familles qui rappliquent en retard en traînant de pathétiques lardons habillés en scouts du dimanche et, dans tout ce rance, quelques femmes seules, encore jeunes et toutes proprettes dont le mari a préféré le bistrot aux burettes, à moins qu'il ne soit chômeur – elles viennent prier pour que la société libérale change, ah ! ah !

De part et d'autre du portail, quelques mendiants, jeunes pour la plupart, tendent une main sale et insistante, l'autre retenant leurs chiens – d'horribles bâtards écumants.

Du coup, ça me donne une idée : et si je vendais mes aquarelles ? Elles m'ont déjà fait de l'usage, je pourrais m'en débarrasser contre quelques billets, lesquels ne seront pas de trop pour la suite de ma progression vers la sainteté...

Aussitôt dit, aussitôt fait, je repère un emplacement assez agréable, pas trop loin du parvis. Il a là un joli jardin planté de massifs floraux et des conifères taillés comme des crayons. J'y dispose mes œuvres sur un banc et, arrachant une page à mon calepin, j'écris en grosses lettres noires : « J'ai besoin de vous pour continuer mon pèlerinage. Merci, et que Dieu vous garde ! »

Posant l'écriteau improvisé à côté d'une grosse boîte d'allumettes où les bonnes âmes pourront déposer leur obole, je m'assois en tailleur, un sourire meurtri sur le visage et le regard inspiré perdu dans le lointain.

Dans le genre putassier, on fait difficilement mieux.

Un peu plus tard, les premiers fidèles ressortent de la cathédrale, lestés de leurs pêchés et comme en apesanteur. La religion est l'opium du peuple, disait je ne sais plus qui, en tout cas, ils ont l'air tous chargés jusqu'aux yeux. Leur flot s'écoule lentement, ralenti çà et là par des retrouvailles, un mot quémandé au curé, des ragots échangés derrière les missels. Les cloches battent l'air humide et tiède que perce un soleil roussâtre à la Monet.

En une petite demi-heure, j'ai vendu trois encres, quinze euros chacune. Deux ou trois notables ont glissé quelques pièces dans ma boîte d'allumettes en me lançant « bon courage » d'un air entendu. Un prélat m'a laissé l'adresse d'un prieuré où je serai accueilli pour manger et dormir. Un petit garçon en habit du dimanche m'a proposé de venir déjeuner avec son papi et sa mamie : « Y aura du poisson. »

Une jolie femme accompagnée d'une adolescente maigrichonne ne se décide pas. Elle a regardé mes aquarelles, est repartie, est revenue. Elles sont restées à quelques mètres de moi pendant que le parvis se vidait. Maintenant, nous sommes seuls.

Je leur souris :

— Si mes esquisses vous plaisent, je vous en offre une bien volontiers !

Rires mêlés et rires gênés, c'est gagné, la jeune fille est pliée en deux. Sa mère a rosi délicieusement – elle a le teint fragile des blondes qu'avive un rien de vent. À part ça, plutôt grande, élancée, bien faite autant que je peux en juger. Elle est sapée vintage années 1960, une grande chemise colorée, des chaussures un peu lourdes en cuir jaune, des dessins géométriques au bas du pantalon, sympa.

— Vous êtes gentil, elles sont très jolies, mais je ne peux accepter...

Elle prend sa respiration et ses seins assez forts soulèvent son corsage.

— En revanche, nous avions pensé, ma fille et moi, vous inviter à déjeuner ce midi... Comme un pèlerin, très simplement, bien sûr.

Pas comme un homme, quoi. Mais je ne vais pas me plaindre : ils ne sont plus très nombreux, celles et ceux qui, comme on le faisait autrefois, ouvrent leurs maisons aux jacquets. Maintenant, c'est plutôt le style vidéocode, caméras cachées, dépistages d'effraction...

On reste entre soi, c'est-à-dire avec personne le plus souvent, et tout ça fait une société américanisée à outrance et fondée sur la peur et la solitude.

Au moins dois-je reconnaître que cette catho met en pratique les enseignements qu'elle a reçus.

— Eh bien, madame, j'accepte avec joie, mais alors, vous devrez accepter une aquarelle !

Elle rit :

— On verra ça au dessert ! Je m'appelle Muriel.

— Étienne.

— Et ma fille, c'est Thérèse.

Un prénom de sainte, évidemment. Au moins, ce n'est pas Samantha ou Charlène.

On marche tranquillement vers sa maison tout en devisant. Les yeux noisette de Muriel frisent, pétillants et amicaux, et quand elle tourne la tête vers moi, ses cheveux blond vénitien balayent son visage comme une caresse. De près, elle est encore plus jolie que de loin : un nez fin, des dents éblouissantes, une bouche ourlée comme une fleur. Son rire cristallin s'élève à tout bout de champ.

Sa fille nous suit, silencieuse et calme, à quelques pas. Visiblement, ce n'est pas la première fois qu'elles ramassent un pèlerin...

— Et le papa de Thérèse...

— ... ne vit plus avec nous, me coupe la jeune femme un peu trop vite. Nous sommes divorcés.

Des cathos divorcés, ça va me changer de Béa et de son Ribouldingue. Quel âge peut-elle avoir ? Je dirais quarante, dans ces eaux-là. Le meilleur âge, à mon sens, pour les séduire. Elles savent qu'elles n'ont plus que dix ans de bon avant le début des ennuis, et elles passent à la vitesse supérieure. Sexuellement, j'entends.

Elle habite une jolie maison en centre-ville. Patio, piscine, massifs d'hortensias et balancelle en bois des îles. Le mari était kiné ou toubib, il reste la trace d'une plaque sur le mur, à côté de la grille d'entrée. Muriel me donne l'explication d'elle-même :

— Mon mari, pardons, mon ex-mari, est vétérinaire. Je m'occupe d'œuvres caritatives. Les Petits Frères des Pauvres, les Restos du Cœur, des choses comme ça... Ici, en province, la misère est moins apparente qu'à Paris, mais je peux vous assurer qu'elle existe. J'ai la possibilité de m'occuper des plus démunis, car mon ex-époux me verse une pension très confortable.

C'est étonnant, cette confiance qu'elle m'accorde d'emblée, au point de tout raconter ou presque. C'est très catho, ce pari sur la bonté de l'autre. Elle a dû se faire avoir plus d'une fois mais elle n'en démord pas.

Nous entrons dans la maison, vaste living, tapisseries un peu vieillottes, les tableaux valent moins que les cadres mais il y a de très beaux meubles de famille. Des arrangements de fleurs séchées sont censés neutraliser les odeurs, tout ça bon chic, bon genre.

Aïe, aïe, il y a aussi des crucifix partout. Même des qui ont la lumière à l'intérieur.

Elle m'offre un apéritif. J'accepte :

— Du blanc sec, si vous avez ?

Elle a. La fille est montée dans sa chambre, elle en redescend avec un cartable scolaire plein à craquer, le baladeur sur les oreilles.

— Bon, maman chérie, je vais chez Papa ! À Lundi ?

— À Lundi, mon bichon !

Elles s'embrassent et la gamine me fait un petit signe de la main.

— À bientôt, monsieur !

— À bientôt, Thérèse.

Épatant. Me voilà seul avec la mère, dans une maison vide. Et pourtant, je n'arrive pas à tout à fait à me réjouir. C'est trop facile. Ça manque trop d'hommes, ici, n'importe qui ferait l'affaire. Même la môme qui espère me revoir, pour que sa mère soit moins seule.

On déjeune vers les deux heures de l'après-midi, simplement, mais elle a mis une nappe, de belles assiettes, un bouquet de fleurs cueillies au jardin. Muriel m'interroge sur ma route, mes projets, ma vie. Je mens comme un arracheur de dents.

— J'ai toujours rêvé d'aller à Saint-Jacques-de-Compostelle, avoue-t-elle. Quelque chose m'appelle là-bas, comme vous.

Je tempère gentiment :

— Vous savez, c'est plutôt prétexte à me balader, à voir toutes ces merveilles architecturales... Je ne marche pas très bien, pour tout dire ! Et puis, je vis ma spiritualité de façon différente d'autrefois...

— Comme nous tous, Étienne. La vie passe, avec

son cortège de désillusions... (Elle baisse la voix.) Dieu ne console pas de tout.

Je n'ai pas beaucoup à la pousser pour connaître toute l'histoire. Résumons-la : le mari, bon père, bon catho, un peu rigide question morale, s'est laissé aspirer il a deux ans par le vertige des sens. Le vertige s'appelait Laura, c'est sa secrétaire, mon hôtesse a trouvé une photo d'elle, à poil, prise au Cap d'Agde, dans le tiroir du bureau du vétérinaire. Coincé, le mari a pris (je cite) *« la courageuse décision de ne pas mener une double vie »*. Trois jours plus tard, il était parti.

— C'était il y a deux ans, Étienne. Il vit avec elle, maintenant. C'est une... heu, une libertine. Sur la photo, elle était avec trois autres hommes, et dans une position... Trois ! Vous vous rendez compte ?

— Oui, fais-je d'un ton neutre.

— Vous trouvez ça normal ? *Trois* hommes ? Ludovic n'était même pas sur la photo !

— Mais il adore ça, conclus-je comme si c'était tout à fait normal. Beaucoup d'hommes aiment ça, que leur femme fasse l'amour avec d'autres hommes, devant eux, et qu'elle ait du plaisir.

— Ce n'était pas sa femme ! lance-t-elle, piquée au vif. Il ne l'aimait pas !

Amour, que de crimes on commet en ton nom ! Est-ce qu'elle se rend compte de ce qu'elle est en train de me dire ?

— Je l'avoue, ça a déclenché chez moi une tempête d'interrogations, continue-t-elle. Comme épouse, comme mère, comme femme et comme catholique.

J'ai remis en cause bien des valeurs fondamentales qui avaient ordonné ma vie et mon couple...

Et voilà. Ce qui est dit est dit. Elle est prête à tout, et sans se le dire, elle l'espère et elle l'attend. Heureusement, j'ai un plan, très simple :

— On prend le café en terrasse, Muriel ?

Où le narrateur amène très habilement la conversation sur les frustrations de son hôtesse afin d'éveiller, a contrario, son désir.

— Avec un sucre ou deux, Étienne ?

— Sans, Muriel.

Allongés sur des chaises longues en plastique Grosfilex, nous sirotons maintenant un excellent arabica. On a emporté la bouteille de vin blanc, pour la finir. Elle a une sacrée bonne descente, Muriel. Ça lui chauffe les joues, et le reste aussi, probablement.

Ce n'est pas tous les jours qu'elle a un célibataire mystique à la maison, et comme il fait chaud, j'ai enlevé ma chemise, ne gardant qu'un marcel noir qui met ma musculature en valeur. Bon, je ne suis pas Bernard Lavilliers, mais ce n'est pas Michel Houellebecq non plus. Je vois bien aux charmantes rougeurs qui envahissent sa gorge que je lui plais de plus en plus.

Le soleil qui se réverbère sur les murs du patio

cogne férocement, le rectangle bleu de la piscine a des reflets de bac à glaçons. Mon plan, c'est ça : pour échapper au premier, lui proposer de se tremper dans la seconde. Et donc d'abandonner ses fringues branchées vintage.

Le reste, je m'en charge.

C'est un plan élémentaire, certes, mon cher Watson, mais il devrait convenir à cette femme trop belle et trop seule. Après toute une vie de certitudes, elle doute et le doute chez la croyante est le plus court chemin vers l'élastique de sa culotte.

En attendant, elle se ressert un verre de vin de Loire et reste là, à caresser machinalement le goulot de la bouteille, insistant de l'ongle sur la petite gravure en relief qui décore le col.

Comme elle caresserait le frein de ma verge, exactement comme ça. Les autres doigts solidement refermés sur ma queue.

Je laisse le silence s'éterniser. Je sais comment on s'en sort, chez ces bourgeoises semi-cultivées. Elles prennent une voix sucrée :

— Qu'est-ce que vous avez lu dernièrement comme bon livre, Étienne ? Vous pourriez peut-être me conseiller...

Il y a une autre version, avec « qu'est-ce que vous avez vu comme film » ? Ça ne loupe pas, mais à sa façon, c'est-à-dire avec un petit rire énervé :

— J'ai vu que vous aviez des livres plein votre sac. Que peut bien lire un pèlerin solitaire ? Laissez-moi deviner... Un ouvrage sur François d'Assise ou un traité sur les ampoules aux pieds ?

— Vous y êtes presque, Muriel. Ça parle bien du corps et de l'esprit.

— Du corps et de l'esprit ? répète-t-elle en laissant traîner sa voix, comme dans les jeux télévisés. Un traité de relaxation tantrique, ou yogi, c'est ça ?

— Cela nous parle d'une époque reculée, dans une culture ancienne qui n'est pas la nôtre.

— Chinoise ?

— Non.

— Égyptienne ?

— Presque.

— Arabe !

— Gagné ! Arabe du XIVe siècle. Un titre ?

— Je donne ma langue au chat.

— Al Nafzawi : un livre sur le bon usage de la sexualité dans l'observance des commandements de Dieu. L'Islam, tout de même, c'est autre chose...

Une petite pointe contre le catholicisme, mais elle ne réagit pas. Je vais chercher le livre, revient m'installer près d'elle et lui montre la couverture qui représente une dame qui caresse avec une plume le derrière d'un monsieur en train de forniquer sous le regard attendri d'un brave vieillard barbu et souriant.

Ça l'intéresse, visiblement. Je lui lis alors un long extrait d'un poème très descriptif des « huis de l'amour » et autres « instruments » nécessaires à les entrouvrir. L'auteur se recommande toujours du prophète Mahomet, tandis que Dieu bénit les acteurs de ce parfait chant d'amour.

— Comme nous sommes loin du christianisme, n'est-ce pas ? Chez nous, même quand Dieu se fait homme, tout reste chaste. Luxurieux point ne sera, ni de corps ni de consentement, quelle misère, tout de même !

— Et Marie Madeleine ? m'objecte-elle.

— Une pécheresse, mais repentie ! Autant dire, rien. Non décidément, pour nous, toute chair est toujours souillure, et en ce qui me concerne, je ne m'y suis jamais fait.

Muriel hausse les sourcils, faussement offusquée :

— Dites-moi, pour un pèlerin, vous semblez bien renseigné sur le sujet !

— Pèlerin, mais néanmoins homme à part entière, Muriel ! Il m'a fallu trouver un terrain d'accord entre ma foi et ma libido, ardentes toutes les deux...

J'ai peut-être été un peu sec, au moins les choses sont dites. Je pousse l'avantage :

— Il me semble que tous les chrétiens sont dans cette quête-là, non ? Entre l'interdit et la transgression, l'ange et la bête, la sainteté et l'humanité. Le bon catholique ne se reconnaît-il pas à la culpabilité qui le ronge ?

— En tout cas, pas mon mari ! rétorque-t-elle, pincée.

— Et vous ?

— Quoi, moi ?

— Vous ne l'avez jamais trompé ? Vous n'en avez pas même eu l'envie ?

— Je n'y ai jamais songé, ni avant, ni pendant le mariage, ni après ! Le sexe, ce n'est pas mon truc.

Je la regarde au fond des yeux, là où dansent de

petites paillettes dorées, et j'y lis le contraire : elle adore l'amour, le vrai, celui des chairs, des peaux, des muqueuses, pas celui des poètes et des mystiques, mais celui des étalons. Et elle est en train d'y penser, là, en ce moment.

— Muriel, le sexe, c'est le truc de tout le monde !

Elle prend l'air contrit (je lui donnerais bien la fessée sur-le-champ).

— C'est ce dont je me suis rendu compte, mais trop tard. Je lui refusais... (un temps)... certaines caresses, si vous voyez ce que je veux dire. Il voulait me traiter aussi comme un garçon, parfois. Ça aussi, je n'ai jamais voulu. Une année, on était en vacances au Cap d'Agde et... (un autre silence)... je n'ai pas voulu l'accompagner. C'était tout à côté, pourtant, mais il aurait fallu que je sois toute nue devant tout le monde, alors...

— Alors il l'a trouvé avec une autre, fais-je doucement.

— Voilà.

Un long silence. Elle respire à petits coups, l'œil perdu dans une contemplation lointaine... Je reprends :

— Alors, pas d'accroc dans la robe de mariée ?

— Ni dans la robe de divorcée !

— Ce n'est plus une robe, Muriel, c'est une bure...

Encore un long silence. Tout est dit, mais je ne suis pas persuadé que trop de temps consacré à la réflexion est une si bonne chose pour moi. Il faut improviser :

— On se baigne ?

Elle me regarde, interloquée. J'explique tranquillement :

— J'ai fait beaucoup de route, Muriel, ça me ferait le plus grand bien. Surtout, j'ai envie de vous voir en maillot de bain, parce que je vous trouve très belle.

La voilà écarlate. Un compliment de cet acabit, elle n'en a pas reçu depuis des lustres – à Bourges, ça ne risque pas.

— Étienne, je ne sais pas si, heu...

— Si c'est agréable ? Bien sûr que ça l'est ! Vous n'avez pas envie de vous baigner avec moi, dans votre belle piscine ?

Elle secoue la tête :

— Je n'y ai pas remis les pieds depuis que mon mari est parti. Thérèse, oui. Elle se baigne avec ses copines, mais moi...

— Alors ? Vous ne pensez pas qu'il est temps de vous baigner, vous aussi, avec un ami ? dis-je très doucement.

Elle me regarde, hésitante. Puis, bravement, se décide :

— Bien sûr ! Que je suis bête ! Oh, Étienne, c'est la vie qui entre avec vous dans cette maison ! Attendez-moi deux minutes, voulez-vous...

Et la voilà rentrée. Aussitôt, je bondis sur mes pieds et j'envoie balader mon marcel, mon pantalon, mes chaussettes, mon slip. Un pèlerin n'est pas censé avoir de maillot de bain dans son sac, n'est-ce pas ? Qui pourrait lui reprocher de se baigner nu ?

Je m'approche du bassin et, tournant le dos à la

porte-fenêtre, je reste là, à fixer les reflets de la lumière dans l'eau cristalline.

Je bande comme un âne.

Où le narrateur frôle l'épectase et son hôtesse se noie dans un orgasme sans fond.

— Étienne ?

Je l'ai entendue venir mais j'ai fait semblant de rien. Elle s'est arrêtée à quelques pas de moi et elle me regarde. Ça dure longtemps, longtemps.

C'est une situation très excitante d'être regardé, surtout quand on est nu. Je ne me presse pas de me retourner. Je regarde le fond de la piscine, d'un bleu cobalt, intense et triste à la fois.

— Étienne ?

Sa voix est douce, assourdie par l'émotion. Son regard caresse mes fesses, mes reins, mon dos. Elle imagine ce qui va se dévoiler quand je me retournerai. Le cœur lui manque : ça fait deux ans qu'elle n'a pas vu d'homme à poil.

Je me retourne lentement et lui fais face. Je veux qu'elle s'en mette plein les yeux, je veux qu'elle voie l'évidence de ce que je vais lui faire. Cette corne poussée au bas de mon ventre, cette chitine gainée de soie, ce rostre, je vais le glisser dans son ventre, dans sa bouche, dans son cul. Je vais leur imprimer une sacré mouvement de balancelle, je vais ébranler ses portes cachées comme un bélier ébranle la poterne d'un château-fort.

Ça, c'est de l'amour ou je ne m'y connais pas.

— Oh, Étienne...

Elle ne rit plus. Elle est pâle comme une morte. Elle est vêtue en tout et pour tout d'un maillot blanc une pièce, d'une coupe assez ancienne, qui cache soigneusement sa poitrine. Le même que celui qu'arbore Lana Turner dans le film... Ah, vous ne connaissez pas Lana Turner ? Aucune importance.

Et comme Lana Turner, elle exsude quelque chose d'intensément sexuel. Mais elle, c'est à son corps défendant.

Une vierge au bûcher. On se doute que ses geôliers s'en sont mis plein les mains avant de la livrer au bourreau, ce n'est dit nulle part, mais c'est ce qui la rend si attirante. Sainte Muriel.

On se dévisage comme ça pendant une bonne minute, face à face, à trois mètres l'un de l'autre. Moi, nu, les testicules remontés sous le scrotum par une formidable érection. Elle, vacillante, éperdue, les yeux papillonnants. Sous mes pieds, la fraîcheur du carrelage antidérapant. Dans mon dos, le soleil qui clignote comme un sémaphore.

— Enlevez-le, Muriel. S'il vous plaît.

Elle n'obtempère pas tout de suite, elle obtempère à la seconde près, voilà la vérité. Elle arrache son foutu maillot, et une fois qu'elle s'en est débarrassé, elle le jette derrière elle, dans le salon. La voilà qui se dresse, frémissante et nue, seins dardés, reins cambrés, un voile de lait sur son regard de miel, comme dirait le poète...

Je l'examine : c'est ce qu'elle veut ; ou alors, elle déteste ça, et c'est encore meilleur. Parce qu'elle va apprendre à aimer, croyez-moi, aimer montrer son corps nu à un inconnu en attendant qu'il en dispose. Aurait-elle aimé ça quand son mari lui a proposé de se balader dans les dunes du Cap d'Agde, il serait toujours là.

D'où je suis, je vois ses seins parfaits, dessinant une ombre semi-circulaire sur sa cage thoracique. Je vois son nombril d'enfant creusé au scalpel dans son ventre rond. Je vois son petit con douillettement niché sous le renflement grassouillet du pubis. Elle n'a pas beaucoup de poils. Un peu écrasées par la pression des cuisses, les deux lèvres sont fermées et ne forment qu'un trait brun.

— Tournez-vous, Muriel.

J'en fais ce que je veux. Elle se tourne et je découvre sa croupe nerveuse, comme étrécie par la peur et l'attente. L'envie, aussi. Son anus est un point plus sombre dans la faille serrée de l'entrefesse, ses reins sont parcourus d'ondes, comme ceux des pur-sang après la course.

— Revenez !

Quand elle achève son demi-tour, je suis tout près. Elle pousse un cri d'oiseau quand je pose mes mains sur ses hanches, un peu comme Adamo (un chanteur qu'aiment bien les cathos, tiens).

Je l'embrasse sur la joue puis sur les lèvres puis sur sa gorge, à la naissance des seins. Avec ma main gauche, je caresse la blancheur bombée de sa peau. Je glisse mon annulaire droit entre ses jambes, je l'enfonce dans la faille chaude et moite, séparant de force les parois un peu collantes...

Puis tombant à genoux, j'embrasse son ventre, je frotte ma bouche sur le rare astrakan, je monte, je redescends, je lèche entre ses cuisses la source au goût de chlore. J'appuie ma langue avec force sur la couture opiacée, je redessine la fente, je pousse le plus loin possible, comme un sanglier dans l'humus.

— Non, non, ce n'est pas bien ! balbutie-telle dans les éthers, très loin au-dessus de moi.

Sa voix se fait rauque, elle a baissé la tête et regarde cet homme nu qui lèche et mâche sa vulve :

— Continue, oh oui, continue, tant pis, ne t'arrête pas !

Du coin de l'œil, j'aperçois un livre posé sur la chaise, à côté de nous, *Entretiens avec Jean Guitton*. Tant pis pour Guitton, j'ai absolument besoin de cette chaise : je ne vais tout de même pas la baiser sur les dalles antidérapantes ! Je l'attire du bout de l'orteil tout en remontant le long de son corps, j'embrasse ses seins doucement, je lèche les bouts avec méticulosité, puis referme mes dents dessus, tire comme un sauvage, un hamster, un bébé...

Elle geint, elle gémit, elle coule. Une vraie fontaine.

Sa main s'est posée entre nos ventres, elle a saisi mon sexe. Soudain, s'enhardissant, elle englobe mes couilles, les presse, les malaxe, s'aventure vers mon cul qu'elle caresse avec une belle ferveur.

Je prends sa cuisse droite par en dessous, la remonte et pose son pied sur la chaise :

— C'est mieux comme cela, n'est-ce pas ?

— Oh, oui, c'est mieux ! souffle-t-elle agonisante, oh ! c'est bien, c'est bien, c'est bien !

Elle ne cesse de me caresser entre les fesses, là où c'est chaud, où c'est bouillant, où la sueur perle, où commence l'infini des ignominies.

— À toi, maintenant !

Je guide ses mains vers le dossier pour qu'elle s'y cramponne. Je tombe en chute libre vers son ventre, de nouveau : devant cette sainte, qui ne se mettrait pas à genoux ?

— Encore ? lance-t-elle rêveusement. Encore ?

J'effleure l'extrémité de son sexe avec ma langue, elle écarte imperceptiblement ses cuisses. Je m'enhardis, elle s'ouvre totalement. Je force, elle est béance.

Je suis le contour de son con avec ma langue, sans toucher le clitoris. Elle supplie. Je caresse ses fesses, je la hume, je la mords. Et n'y tenant plus, j'enfile enfin ma langue profondément dans sa chatte.

— Jésus, siffle-t-elle. Jésus !

Je masse doucement la douceur gluante de ses intérieurs. Vagin ferme et souple, en pleine forme. Clitoris frileux, qui peine à sortir de son capuchon, mais on y vient peu à peu... Sa main gauche sur ma nuque accompagne le mouvement de ma langue. De son autre main, elle me griffe :

— Encore, encore, Jésus, Jésus !

Je déplie mon index, je l'enfonce dans son anus,

fermement. Elle se creuse, se déplisse, m'absorbe sans coup férir :

— Oh, j'ai honte, j'ai honte !

Il n'y a pas de quoi. Je la tiens comme on tient un pack de bière, à deux doigts, et je la lèche comme on lèche la mousse d'une bière – le goût de sa mouille est le même, acide et frais à la fois.

— À toi, maintenant !

Je me redresse et elle s'incline. Mon gland effleure ses lèvres. Elle hésite, puis le lape, d'abord un peu, ensuite beaucoup. Elle s'en empare enfin goulûment, à pleine bouche, et serre. Et la voici qui me branle à sec, repoussant le prépuce le plus loin possible, à m'en faire crier ! Puis me gaine de sa salive bienfaisante, pour apaiser l'échauffement...

Aller, retour. Aller, retour. Bon sang, où a-t-elle appris ça ?

Elle le fait presque aussi bien que Caroline. Mieux même, mais elle m'absorbe moins profondément. Question d'habitude, de vécu, mais il subsiste en elle de délicieux dégoûts de catholique, de subtiles réticences, contre lesquels elle lutte vaillamment.

Prenez, ceci est mon corps... La bourgeoise de Bourges pompe, pompe, les yeux fermés, très fort. Ses joues creusées d'une ombre bleue aspirent ma verge avec une sorte d'onction désespérée. Plus bas, ses jolis seins blancs oscillent comme des pendules, et sa croupe s'évase jusqu'à montrer l'œillet brun au parfum de tabac.

Ah, l'enculer ! La clouer sur son Golgotha ! Et la

faire renaître, à poil sous son suaire, pour d'autres jeux, d'autres petites morts !

Elle accélère soudain, je la sens qui se tend. Je devrais résister mais, en moi, quelque chose se débonde, s'ouvre, comme une blessure, un barrage.

Je répands dans sa bouche, sur ses lèvres, son menton, ses joues, une semence abondante d'adolescent qui vire du translucide au blanc d'œuf, s'épaissit et finit par couler en lentes sinuosités le long de son menton et jusque sur ses seins.

CHAPITRE 4

Où le lecteur assiste, en lieu et place du post-coïtum triste attendu, à l'émergence d'une plénitude.

Une bonne minute se passe, dans un silence uniquement rompu par le bruit de nos respirations. Les yeux pleins d'étoiles, les ventricules à 140, je frôle le collapsus. Muriel est restée à genoux, son regard brun levé vers moi : on dirait une pietà. Son visage arbore une expression tragique, tandis que le sperme continue de goutter doucement sur ses seins...

— Muriel...

Je ne suis pas fier de cette profanation. J'aurais voulu jouir en elle, dans son ventre ou dans son cul, mais en elle. Il me semble que je l'aurais sanctifiée ainsi, qu'elle serait redevenue pleinement femme, loin de son vétérinaire partouzard, de ses meubles idiots et de son ennui provincial. Au lieu de quoi, je l'ai traitée comme une pute de bas étage (ou comme une femme épousée il y a vingt ans, c'est souvent la même chose).

— Je suis désolé, Muriel...

Elle secoue la tête, sortant d'un rêve d'elle seule connu. Ses boucles blondes balaient son petit front vernissé de sueur, son merveilleux sourire réapparaît :

— Désolé ? Mais pourquoi ?

— De... D'avoir pris mon plaisir, comme ça.

— Tu n'as pas aimé ?

— Mais si !

— Moi, j'ai aimé ! chuchote-t-elle avec force. C'était comme à l'église, tu vois, le moment où le prêtre te tend l'hostie. Tu absorbes le corps du Christ, tu *es* le Christ. J'ai été toi, tout le temps que tu... que tu coulais. Tu sais comment ça s'appelle ?

— Quoi ?

— Ça. Ça s'appelle de l'Amour.

Rieuse de nouveau, de sa petite langue rose, elle lape consciencieusement le pourtour de sa bouche et avale :

— Mmmh ! J'espère qu'il t'en reste un peu !

Il ne me reste rien, évidemment. Caroline avant-hier, Béa hier, Muriel aujourd'hui, les burettes sont vides et la messe est dite, enfin, c'est ce que je crois. Je me garde bien de le lui dire. Il faut que je me tire d'ici vite fait. Les pèlerins de Vézelay doivent rôder en ville en se demandant ce que je fabrique et, si je ne veux pas les croiser, j'ai intérêt à mettre quelques dizaines de kilomètres entre eux et moi.

Mais pourquoi quitter si tôt cette odalisque au corps de lune ? Elle n'a pas eu d'homme depuis deux ans, sa fille est absente pour le week-end, nous avons la maison et la piscine pour nous seuls. Elle n'a pas l'air pressée de me voir décamper, elle a sorti mon linge de mon sac, décidé de faire une lessive :

— Je te les repasserai ce soir. Veux-tu que je te prépare quelque chose à manger, en attendant ?

Une vraie petite épouse. C'est l'inconvénient avec les cathos, elles ne peuvent qu'être des vierges ou des épouses, jamais des putes lubriques. Mais c'est si reposant après la route, fusse dans la camionnette d'un militant de la LCR !

Je décide de m'accorder vingt-quatre heures de repos. Par la même occasion, je les lui accorde, et à voir sa joie de petite fille, c'est ce qu'elle espérait secrètement :

— Je sais que tu as fait un vœu et que ce n'est pas bien de te retarder, mais le Seigneur me pardonnera sans doute. J'ai été sage depuis deux ans, et c'était dur, tu sais !

Je l'ai suivie dans sa cuisine. Elle fait tourner une machine, toujours nue, en me guettant du coin de l'œil. Une omelette rissole à feu doux sur la plaque de cuisson, elle se penche exagérément pour la retourner avec une spatule en bois.

Ah, la tentatrice ! Cette femme aime visiblement le sexe mais le Seigneur n'a rien fait pour elle pendant ces vingt-quatre mois, rien d'autre que de lui parler de cet Amoôôôûûr qui, selon l'admirable formule, est « l'infini mis à la portée des caniches ».

— On s'en fiche, de l'amour ! lui dis-je en pressant ses fesses entre mes paumes. Ce qui est important, c'est de jouir, encore que tu n'as pas joui, toi ?

— Comment ça, se récrie-t-elle ? Quand tu es venu dans ma bouche, ça a été comme si un couteau se refermait dans mon ventre ! Je n'avais pas connu d'orgasme aussi fort depuis...

— Deux ans, dis-je en enfonçant mon pouce entre les masses jumelles, admirablement calibrées.

— Oooh, qu'est-ce que tu fais ? glousse-t-elle d'une petite voix contrite.

— Je te fais plaisir, dis-je en la ramonant doucement – elle adore, il faut la voir se tortiller ! Tout date de deux ans, ici, Muriel. Tu t'es arrêtée de vivre il y a deux ans, tu ne regardes plus les hommes depuis deux ans, tu ne jouis plus depuis deux ans...

— Oh ! susurre-t-elle en prenant un air d'enfant de Marie, je me donne du plaisir dans mon lit, tout de même !

— Ça ne suffit pas. (Je rentre mon pouce jusqu'au gras de la paume et elle pousse un feulement de chatte en chaleur.) Tu aimes ça, hein ? Ah, si je ne devais pas reprendre la route, je t'apprendrais à saisir le plaisir partout où il est, pas seulement avec moi mais avec tous les hommes qui te plaisent !

— Comme au Cap d'Agde, chez les libertins ?

— Comme au Cap d'Agde. Quand ils font l'amour entre eux, tous ces gens-là ne sont pas transformés en statues de sel, que je sache !

— Il y a un chemin pour Compostelle qui ne passe pas très loin ? s'enquiert-elle, le souffle court.

— Celui qui part d'Arles. Pourquoi ? Tu t'y arrêterais en passant ?

— Pourquoi pas ? Mais il faudrait que tu m'y

rejoignes...(Elle s'est cassée à angle droit pour que j'aille plus profond, et sa voix me parvient assourdie par la masse de ses seins.) Je veux bien aller dans les dunes faire jouir d'autres hommes, mais pas toute seule...

— Facile ! dis-je imprudemment en me retirant de ses reins (l'omelette est cuite, et je l'aime bien baveuse).

Qu'est ce qui m'arrive ? N'ai-je pas fait vœu de papillonner, pas de me poser ? C'est vrai que cette femme est infiniment séduisante, avec sa douceur et son air bien élevé, mais je ne dois pas oublier que c'est une vraie catho ; tout ce qu'elle fait, elle le fait pour m'attirer dans ses rets : hors du mariage, point de salut !

Mon étude du monde catholique n'est pas finie, loin de là, car il faut encore que j'approche la frange la plus réactionnaire des cathos. Jusqu'ici celles et ceux que j'ai rencontrés étaient plutôt sympas, et à force, je finirais par écrire un livre complaisant, voire franchement tolérant. Ce n'est pas tout d'être athée, ça s'entretient, et à force de baiser des catholiques délicieusement naïves ou roublardes, que me resterait-il de mes conceptions philosophiques ?

L'omelette est délicieuse. Muriel me regarde manger, debout, les mains croisées sur son ventre. Elle me tend le sel, le poivre, elle me sert un verre de vin et à chacun de ses gestes, ses beaux seins ballottent dans leur gaine de soie. De temps à autre, elle ne peut s'empêcher de passer une petite langue rose sur ses lèvres, pour retrouver la saveur perdue de mon sperme :

— C'est si bon ! J'aurais voulu te boire totalement !

Dans tout ce qu'elle fait, il y a cette sorte de sérénité de vierge prête au martyre, et c'est très excitant. Nous passons une fin d'après-midi délicieuse, sur le sofa du salon, à nous caresser et parler, puis à la nuit tombée, j'improvise une *stracinata*, une autre omelette, mais celle-ci brouillée et dans laquelle on ajoute tous les restes de la semaine : les petits morceaux de poulet, les tomates en trop, les pâtes coupées en petits bouts, etc.

On ouvre une autre bouteille de Gamay, et on l'emporte dans la chambre. On fait l'amour dans son lit, longuement, tendrement, à la missionnaire. C'est délicieux. On refait l'amour dans la nuit, à l'aveugle, et c'est comme si je reconnaissais un corps espéré depuis longtemps. Son odeur, la texture de sa peau, le goût de sa bouche et de son ventre, les petits cris qu'elle pousse quand je m'enfonce en elle, tout me plaît, tout m'émeut, tout me transporte.

Elle a eu le temps de réfléchir, en deux ans. Elle ne cesse de me chuchoter les choses les plus excitantes à l'oreille, que je pourrai la sodomiser tant que je voudrai, qu'elle ira sucer à la chaîne des nudistes néerlandais à Héliopolis (je ne lui en demande pas tant), qu'elle est même prête, tiens, à faire l'amour avec une femme, devant moi, pour me plaire... Tout ce que, selon moi, toute femme devrait glisser dans l'oreille de son mari quand il la prend, *catholique* ou pas.

Au matin, quand je jouis dans son ventre, elle a un petit cri charmant, comme une coquille qui s'ouvre et montre l'éclat sourd d'une perle, au fond.

Le samedi, à l'aube, je quitte sa maison, le cœur gros. Elle n'a pas cherché à me retenir – comment aurait-elle osé ? Pour le ou la vraie(e) catholique, un pèlerinage est un engagement de tout l'être qu'il est hors de question d'interrompre. Tout en cheminant vers la gare, je songe avec amertume que me voilà pris à mon propre piège : car aurais-je tenté de rester dans ses bras que la confiance qu'elle a mis dans le pèlerin se serait envolée. Or, je le sais bien, Muriel s'est donnée au pèlerin tout autant qu'à l'homme. Plus même : elle lui a fait confiance et lui a donné ce qu'elle n'aurait sans doute pas donné à un amant. Et c'était aussi une façon pour elle de se donner à Dieu.

Oui, me voilà coincé. Pèlerin un jour, pèlerin toujours, je suis condamné à jouer les allumés du bourdon si je veux la revoir. Car si nous n'avons échangé que nos peaux (pas de mots d'amour, pas de grands serments, pas encore), nous avons convenu que je repasserai à Bourges dans trois mois, à mon retour de Saint-Jacques. Elle m'a fait promettre de lui rapporter un *azabache* : c'est une petite statuette votive taillée dans du jais, qu'elle compte bien poser sur son bahut avec ses autres babioles – animaux en verre filé, santons de Provence, toutes ces horreurs...

Où vais-je bien pouvoir trouver ce truc en France ?

Samedi 16 septembre, de La Souterraine à Bénévent-l'Abbaye.
Où le lecteur goguenard voit notre courageux explorateur se risquer au plus près de catholiques intégristes.

Le problème, donc, si l'on met de côté qu'elle a un enfant – ce qui n'est pas rien comme source potentielle d'emmerdements –, c'est qu'elle est persuadée que je suis un bon chrétien et que je vais à Compostelle. J'ai tout fait pour qu'elle le croie, et elle le croit, car une catholique est toujours prête à croire... Elle m'a demandé de lui envoyer des cartes postales, aussi. Encore heureux que j'aie prétendu in extremis que je n'avais pas de portable, sinon elle m'aurait demandé de lui faire écouter les cloches de la cathédrale en direct !

Au minimum, je suis bon pour une description détaillée du fameux Porche de la Gloire, le chef-d'œuvre du maestro Matéo (1168-1188) : l'arbre de Jessé, le chapiteau de la Trinité, les vingt-quatre vieillards de l'Apocalypse, tout le saint-frusquin comme si je l'avais vu de mes propres yeux...

Je suis mal, moi.

Le train pour Châteauroux est là, je monte dedans comme un zombi.

Compartiment désert, qui me laisse tout à mes pensées. Comment pouvais-je imaginer que les choses tourneraient de cette manière ? Que je me retrouverais en contradiction flagrante avec l'Article 1 du Codex du dragueur : ne *jamais* tomber amoureux ? Avant Muriel, toute femme valait une femme, ni plus ni moins. Il était facile d'en quitter une puisqu'une nouvelle venait exactement s'imbriquer dans le vide – très relatif – qu'avait laissé l'ancienne. Je les aimais et je les désirais toutes avec une semblable intensité puisque aucune n'était moins aimable ou désirable qu'une autre.

Ma vie était simple.

Allons, laissons cette Muriel de côté, sa maison de centre-ville, la piscine où elle ne se baigne pas, le lit où elle se caresse le soir en étouffant ses cris sous l'oreiller...

Allons bon, voilà que ça me reprend !

Le dôme crémeux de ses seins blancs, son petit ventre rond, sa vulve délectable...

Assez ! Le diable m'accompagnerait-il ?

Ses lèvres refermées sur ma queue, siphonnant à toute vitesse...

Comment faire la route avec trois jambes ?

Son visage extatique, luisant de transpiration, sa bouche humide encore et dans ses cils quelques filets de semence...

Bon Dieu, aidez-moi à me débarrasser de Satan !

De Châteauroux, je reprends un autorail qui me dépose à Éguzon à 15 h 45.

Là, je monte dans un car pour La Souterraine, où je débarque à 16 h 28.

La Souterraine est une ville fortifiée qui doit son nom à une crypte gallo-romaine. Une belle église, un joli portail polylobé à trois voussures plutôt arabisantes que romanes et pas un endroit pour dormir, voilà pour le décor. Je suis exténué car pendant le voyage en autocar, je n'ai pas cessé de penser à Muriel, à son visage tendu sous ma pluie de sperme, à ses cris de plaisir dans la nuit...

Bref, je suis tellement excité qu'en arrivant je descends dans la crypte, heureusement déserte, et qu'en trois coups de poignets je me soulage sur un des piliers millénaires ! Un vrai adolescent...

La prostate pesante, les jambes en flanelle, je ressors au grand jour. Tous ces excès commencent à me miner, mais qui m'aurait dit il y a une semaine que j'allais tomber sur un nid de bacchantes déchaînées ?

Je suis entré dans un café et j'ai commandé un cordial. Dans la glace, derrière le comptoir, je vois un type encore jeune mais guetté par une mort foudroyante. Les yeux injectés cernés de violet, le teint gris, c'est moi. Encore un coup comme celui-là, et je suis bon pour le rapatriement sanitaire.

Dehors, des petits groupes de marcheurs, des solitaires et des organisés, se sont regroupés sur la place. Beaucoup de randonneurs, entre cinquante et soixante ans : ils feraient le rallye des sables ou la transsibérienne pédibus qu'ils ne seraient pas mieux équipés. Les vrais catholiques en pèlerinage, eux, ont ce sourire épuisé qu'arbore le chrétien sur son chemin de Croix. Pour un peu, ils tomberaient douze fois.

18 h. Pas de Damien, ni de Pierre-André à l'horizon : ils doivent encore m'attendre à Bourges.

Je finis par repérer un petit groupe tout affairé à reluquer la pierre blanche qui indique le chemin de Bénévent-l'Abbaye, la prochaine étape de mon martyre.

Ce sont trois femmes d'allure chic et stricte malgré les sacs à dos. Elles sont encadrées – il tournoie autour d'elles comme un vautour – par un curé comme on n'en voit plus : soutane lustrée par toute une vie de sectarisme, col blanc douteux, grosses chaussures de marche qui semblent un prolongement naturel de son long corps filiforme et sarmenteux. Rien à voir avec ce malheureux Paul Préboist dans *Mon curé chez les Thaïlandaises*, mais plutôt un Savonarole version sadomaso hard.

D'un seul coup, oubliées la douceur de Muriel, la nudité de Muriel, les caresses de Muriel ! Mon cœur fait un bond, à l'égal de celui du chasseur quand il croise la sittelle chassepot ou le castor du Nivernais. Point n'est besoin d'être grand clerc pour deviner là un groupe de cathos traditionalistes de la plus belle espèce.

Les voilà donc, ces mulets de la pensée, ces morts-vivants de la Foi ! Certes, dans la vaste famille des catholiques traditionalistes, on trouve des allumés d'Emmanuel, des braves gens abusés par le décorum et la messe en latin et même des théoriciens pervers frisant avec l'extrême droite, mais les plus inquiétants restent, et de loin, les vrais fachos, parfois cons comme un citron, parfois malins comme un discours de Mitterrand et tous plus violents qu'une bourgeoise le premier jour des soldes chez Kenzo.

Ce sont les plus dangereux. Vingt siècles durant, ils ont fait pendre, brûler, déchirer, garrotter au nom du Dogme. Au sein de l'Église, ils forment un monde à part, posé sur quatre piliers : la haine, la paranoïa, la nostalgie et le trucage. Me permettra-t-on de les passer en revue avant de me jeter dans la cage aux fauves ? Ne serait-ce que pour vous faire toucher du doigt mon courage, voire ma folie...

La haine est leur mot de passe, le sésame qui permet de rentrer dans la famille, de s'intégrer à ses discussions. Leurs discours commencent toujours par une exécration, une aversion, un dégoût. Haine des communistes, des immigrés, des jeunes, du système éducatif, etc. Ils ne se bornent pas à des modèles simples, ils osent la détestation générale. Tout ce qui n'est pas eux ne devrait pas être.

La paranoïa est l'autre filet, mince mais inépuisable, de ce ruissellement de sanies qui leur sert de pensée. Haine de l'autre, de l'étranger, de l'inconnu. Le « Grand Complot » explique tout, encore que les objectifs de ce complot soient peu clairs et polysémiques : ruiner la France, préparer le Grand Soir, travailler à la dégénérescence de notre belle race par l'introduction d'étrangers, tuer la chrétienté au profit de l'Islam, devenir tous fonctionnaires, etc. Le Grand Complot est le fait des francs-maçons, des juifs ou des communistes. Satan est partout.

Le troisième pilier mental du catho facho, c'est la nostalgie. Tout était toujours mieux avant, et singulièrement avant la Révolution française, dont les écrits égalitaires de philosophes corrompus et libertins ont ouvert la voie au marxisme et à la pornographie, remis en cause le droit divin, ouvert la voie à l'anarchie et aux prêtres ouvriers et permis la décapitation du roi. C'était mieux aussi avant la décolonisation, mieux avant 1968, mieux avant 1981, mieux même avant le retour de la droite chiraquienne qui n'a rien changé puisqu'elle n'était qu'une fausse droite, prétendument libérale, et qui mettait en fait en œuvre la politique sociale de la gauche. Et puis, on mangeait mieux autrefois. On était mieux soigné autrefois, par de vrais médecins de famille, les acteurs savaient jouer les grands textes du répertoire, les boulangers savaient faire le pain, les historiens s'occupaient des familles royales, les garçons savaient désirer les femmes, les femmes savaient faire attendre les garçons. Les homosexuels fermaient leur gueule, et Dieu seul décidait de la date de la naissance des petits bébés blonds.

Dernière colonne du temple traditionaliste catholique : le trucage herméneutique, le discours biaisé, la relecture perverse de toute information à la lumière des délires fascisants et des idées démagogiques. Ces idées, ce sont toujours les mêmes, de Mauras jusqu'à Le Pen. Le goût de l'exégèse ancrée dans les tréfonds de notre culture permet de faire dire tout et son contraire aux apôtres et au prophète. On peut, avec saint Bernard, justifier une croisade meurtrière. S'appuyer sur la « Parabole de la vraie vigne » de Jean pour justifier l'Inquisition. Promouvoir n'importe quel massacre avec saint Thomas. Les musulmans intégristes ne font pas autre chose avec le Coran.

J'ai tout de même peine à croire que les trois femmes incarnent à leur modeste échelle ce que nos sociétés modernes ont laissé subsister de plus retors, de plus archaïque et de plus éternel en elles. Elles sont grandes, assez minces, cheveux longs, blonds et souples, et toutes dans la quarantaine, cet âge d'or. Elles sentent le fric gagné par des maris lecteurs assidus du *Figaro,* elles sentent la fidélité au mariage, les grands enfants partis aux States finir leurs études de marketing, le chalet à Megève, les dix-huit tentatives pour apprendre à jouer du piano, la peinture ou la sculpture, le rêve rabougri et morne d'avoir été quelqu'un à leurs propres yeux. Elles sentent la condamnation sans appel des pauvres, des exclus, des immigrés, des avortées.

Elles sont transparentes en quelque sorte, à force de n'être rien. Elles sont sans aspérités jubilatoires. Visages soigneusement maquillés, regards durs, silhouettes de circonstances, tenues d'éducation, vies logiques et prévisibles. Des trajectoires newtoniennes.

Ça n'est pas Caroline, ça n'est pas Béa, ça n'est pas Muriel. La première a un visage taillé au burin, le menton fin, les joues creuses. Elle respire le sport et la remise en forme, bronzée, clean malgré la marche et la chaleur. Elle porte un foulard noué avec des motifs qui représentent une basilique quelconque. La deuxième est un peu moins décharnée, elle laisse apparaître une dentition tellement parfaite et blanche qu'on lui imagine une très bonne mutuelle ou un mari orthodontiste. Ses cheveux sont réunis en queue de cheval, elle porte de petites lunettes d'écaille très classe. La troisième enfin est un peu moins grande que ses copines, plus jeune peut-être. Sourire figé et béat, elle avale les paroles du Don Camillo comme un psychanalyste avale le contenu d'un séminaire de Lacan. En état de grâce.

Je finis par m'approcher. Le noir abbé est en train d'expliquer la nécessité des croisades du XIIe siècle à ces dames, suffisamment fort pour se faire entendre des autres pèlerins. La Palestine était à nous, n'est-ce pas, pas aux Mahométans, et récupérer le tombeau du Christ était une sainte Nécessité. Ces gens-là ne chantent qu'au fil de l'épée.

Pas de doute : nous sommes bien en présence de la crème des traditionalistes. Je me lance :

— Quelle injustice, monsieur le curé, que cette sainte vérité soit figée aujourd'hui dans une sorte de... comment dire, d'intemporalité ? Il faut le dire haut et fort : la mission des pèlerins d'hier reste notre mission d'aujourd'hui !

La plus décharnée des trois femmes me lance un regard évaluateur. Ma pâleur, ma fatigue, ma sale gueule pour tout dire, ne la rebutent pas, et elle reprend en écho :

— Absolument ! La survie de l'Occident en dépend !

Les deux autres approuvent en me dévisageant de côté. Je n'ai pas le look, mais j'ai le discours. Elles sourient, complices :

— Vous êtes en pèlerinage, mon frère ? s'enquiert le méchant corbeau, un sourire de crotale sous la barrette. Alors, vous nous agréeriez en continuant avec nous le chemin vers Bénévent...

Je m'incline, cauteleux :

— C'est moi, monsieur l'Abbé, qui suis votre obligé !

Alea jacta est !

Bénévent. Où notre narrateur se la joue extrémiste à fond pour satisfaire ses instincts les plus bas.

Bénévent n'est pas loin, à une heure de marche, nous devrions l'atteindre au coucher du soleil. Plantant là les tièdes et les randonneurs, nous avalons la route d'un bon pas. Je serre les dents, pour tenir le coup.

Le ratichon marche devant, avec la plus jeune des trois femmes et celle aux dents blanches. Je marche derrière avec l'aînée. Elle a beaucoup aimé le coup de l'intemporalité, et nous échangeons aimablement des lieux communs sur le bon temps passé. J'apprends que ces dames sont épouses d'ingénieur, de kiné et de pharmacien, qu'elles se connaissent par leurs activités communes à la paroisse et qu'elles mènent le même combat *contre* l'IVG et *pour* la VIE. La plus grande fierté de mon interlocutrice, c'est d'avoir empêché la fille de sa femme de ménage portugaise d'avorter en promettant d'aider financièrement à l'éducation de la petite Lourdès.

Sans commentaire.

J'apprends aussi que la plupart des pèlerins ne font pas le voyage de Saint-Jacques en une fois, mais par petites étapes interrompues parfois par une année. Par exemple, ils démarrent à Vézelay, ils marchent jusqu'à La Charité, et là, ils rentrent au bercail soigner leurs écorchures à la Bétadine ! Un an plus tard, ils reviennent à La Charité en train, ils marchent jusqu'à Bourges et rentrent à la maison ! Et rebelotte six mois plus tard.

En fait, ils sont encore plus roublards que moi. C'est le cas de mes trois sauterelles, comme de juste. Quant au curé, lui, il fait La Souterraine-Bénévent comme guide, rien de plus. Ah, l'escroc !

Du coup, quand j'explique que j'arrive à pieds de Vézelay et que je compte marcher sans m'arrêter jusqu'à Saint-Jacques, la voilà qui me sacre son héros. Franchement excitée de marcher avec un saint ou son équivalent, elle multiplie les allusions à la débauche sexuelle chez les jeunes et les gens du Sud. C'est une règle chez les frustrés en général et les cathos en particulier : condamner ce qui les fascine. En parler, c'est déjà le faire.

— Il paraît qu'ils n'arrêtent pas ! Partout, même dans les voitures !

J'en rajoute une louche, l'air concentré :

— Ma chère Gwendoline (elle s'appelle Gwendoline), saviez-vous que les drogues, tant prisées par les jeunes dans leurs soi-disant réunions technos sont en fait de puissants excitants sexuels ? Et que tout cela, la fête, la joie, la musique, n'est qu'une excuse pour se laisser aller à leurs plus bas instincts ?

— Ce qui est scandaleux, Étienne, me renvoie-t-elle d'une voix de tête, c'est que nos ministres, de droite ou de gauche, encouragent cette violence et ces débauches au lieu de les condamner fermement ! (Là, un rire gras et complice.) Quand on connaît leurs orientations sexuelles, quoi d'étonnant ?

Elle a trente-six ans, mais le cortex d'une centenaire. Issue d'une grande famille parisienne, elle ne compte pas moins de dix frères et sœurs, tous curés, militaires, religieuses, moinillons ou profs à l'Institut catholique et elle a eu elle-même sept enfants. Elle habite Chartres mais vient souvent à Paris. Je prétends avoir été dans la foule qui se massa sur la place du Trocadéro, puis, entre vrais français, gardiens de la morale historique, défila coude à coude, poussette contre poussette, contre le projet de PACS, en discussion à l'Assemblée nationale.

— Un sacré bon moment, Gwen !

— Il existe encore une belle jeunesse française qui défend les vraies valeurs chrétiennes ! Cela ne nous a jamais empêchés de bien nous amuser ! conclut-elle avec un clin d'œil canaille.

Tiens ? Aurait-elle flirté avec un élève de Coëtquidan ou quelque chef scout ? Je me suis laissé dire qu'aux dernières JMJ, jeunes filles et jeunes gens assiégeaient les toilettes publiques, où ils s'enfermaient, ensemble.

Devant nous, le corbeau n'en perd pas une miette. Il me jauge, ça ne fait pas de doute. Les couleurs de mon accoutrement le heurtent, mais ma ferveur réactionnaire le séduit. Il balance encore.

Et nous voilà à Bénévent-l'Abbaye. Ville assez commune, y compris l'abbaye. La place avec ses maisons bourgeoises est le rendez-vous des pèlerins et autres cathos inspirés. Quelques couples, normalement constitués, venus au troquet pour boire un coup en terrasse, humanisent le triste tableau.

N'empêche ; tout est prévu pour le repos du pèlerin, le gîte comme le couvert. On nous accueille avec chaleur et on nous convie à la messe. Je suis coincé !

Cela faisait un bail que je n'avais pas mis les pieds à la messe et je ne suis pas déçu du voyage. L'office est encore plus ringard que dans mon souvenir : des jeunes gens sympathiques et très comme il faut grattent trois accords sur des guitares désaccordées en poussant d'une voix fausse des cantiques débiles. Le curé, extatique, les couve du regard. Tout cela, sous l'apparat et la pompe, est extraordinairement primitif, en même temps qu'habile.

Le repas qui suit coûte tout de même douze euros cinquante. Nous sommes vingt autour d'une grande table, assis sur des bancs qui nous cassent les reins. Je suis entre Gwendoline et sa copine aux dents blanches, et je fais un tabac en louant l'extrême intelligence des jésuites lors des débats pascaliens, puis en dissertant sur le lien entre les casuistes du XVIIe et les socialo-UMPistes et autre tièdards de la politique d'aujourd'hui :

— Font-ils autre chose que de s'auto-absoudre en permanence, en ajoutant au fur et à mesure de leurs dérives gauchisantes des principes fallacieux faussement teintés de libéralisme ?

— Seriez-vous contre le libéralisme, mon cher ? m'interpelle notre Savonarole (il a repris deux fois du dessert et liquidé la bouteille de vin devant lui).

— Certes non, monsieur l'abbé ! Mais je suis pour mettre en accord ses actes et sa pensée. Si l'on est de gauche, très bien, alors on va faire les champs avec les paysans pendant les vacances et on n'arrache pas sous les caméras les plants de colza transgénique ! Et si l'on est de droite, eh bien on se bat pour repousser au-delà de Gibraltar les envahisseurs du Sud, au lieu de distribuer des permis de séjours comme notre Seigneur multiplia les pains ! On ne peut pas être l'un et l'autre ! Il faut choisir son camp !

Gros succès auprès de l'assemblée que les fatigues du voyage commencent à gagner. Un des convives lâche d'un ton sentencieux :

— *Pejor avis aetas*, mon ami !

Je réplique :

— *Vox clamenti in deserto. In deserto !*

J'ai fait du latin, pendant dix ans. C'est la première fois que ça me sert.

Peu à peu, les bancs se vident et nous restons une dizaine à deviser tristement sur le retour de la barbarie. Gwendoline a trop bu. La fatigue et la lumière des bougies aidant, son visage s'est adouci. Pour ne pas penser à Muriel, dont le souvenir rôde, je la regarde. Dans le fond, j'ai toujours aimé ces bourgeoises aux cheveux de lin, avec collier de perles en sautoir. Elle-même a peut-être toujours eu une attirance pour les routards moitié musiciens moitié queutards, à en croire le regard qu'elle laisse peser sur moi entre ses paupières mi-closes.

À onze heures du soir, nous ne sommes plus que quatre, notre guide-inquisiteur étant parti se coucher en titubant. Moi aussi, je suis vanné, mais pas au point de ne pas tendre une dernière perche à mon âpre bourgeoise d'extrême droite :

— Vous savez, Gwen, j'ai bien envie de retrouver la simplicité du vrai pèlerin. La nuit est encore douce, je crois que je vais aller dormir à la belle étoile. Nous nous verrons dem...

— Quelle bonne idée ! fait-elle en se dressant comme un ressort. Je peux venir avec vous ?

Elle ajoute, les yeux plissés :

— En tout bien tout honneur, naturellement !

— On se retrouve où ?

— Je ne connais pas la ville. Disons... le cimetière ? On trouvera bien un petit coin tranquille...

Où le lecteur, vaguement émoustillé à l'idée de voir une catholique intégriste dans le plus simple appareil, en a pour son argent...

Après une toilette sommaire mais judicieusement sélective, je me glisse dehors, armé de mon seul duvet, vers notre lieu de rendez-vous. La lune est basse sur l'horizon, la nuit pleine de bruits d'insectes et du vol silencieux des chauves-souris. La forêt proche forme une masse noire sur la droite et, derrière moi, le clocher de l'église vient d'égrener les douze coups de minuit.

L'heure du crime !

Gwendoline ne tarde pas. Elle porte un grand pull de laine qui lui descend jusqu'aux cuisses et un bas de pyjama en pilou. Comme cela, elle est presque jolie. Ses cheveux blonds sont tirebouchonnés sur la nuque et simplement piqués d'un crucifix en plastique rose.

Nous marchons vers le cimetière, silencieusement. Si elle est consciente de l'absurdité de la situation, elle n'en dit mot. Je finis par lui demander :

— Vous n'avez pas de duvet ?

— Mon Dieu, non, glousse-t-elle, je n'avais pas pensé que je dormirais dehors avec un homme !

Elle continue, tandis que nous nous glissons entre les tombes :

— Étienne, vous allez trouver cela inepte, mais vous entendre parler latin m'a profondément émue ! J'ai repensé à l'aumônier de notre paroisse, lorsque j'étais enfant, un être d'une grande force morale qui a forgé ma foi et mes convictions. Il est tellement rare aujourd'hui que des laïcs parlent le latin, d'ailleurs moi-même je l'ai oublié en dehors des réponses à l'office...

— *Oldi profanum vulgus...*

— C'est-à-dire ?

— Je hais le profane vulgaire... Le latin est une

élévation de l'esprit, Gwen. Une forme supérieure de la pensée. Mais je serai honnête, je ne le parle pas, je cite juste les grands auteurs. Votre mari, lui, doit maîtriser sans peine la langue de Cicéron ?

— Jean-Xaaav' ? (Elle a un petit rire méprisant.) Pensez-vous ! Les noms de crèmes et d'onguents, peut-être. Il est pharmacien...

Elle tire sur son pull et je vois deux petits seins saillir, d'une jeunesse étonnante.

— Jean-Xavier, que je respecte profondément, passe plus de temps sur les livres de comptes que dans les ouvrages relatifs à l'art de la pharmacopée !

Elle termine sur petit rire en forme de guillotine.

Au fond du cimetière, nous trouvons un carré d'herbes folles, protégé du vent et des regards par un tombeau prétentieux – une vraie chapelle en grès noir, dédiée à quelque notable oublié de tous. J'étale soigneusement mon sac de couchage. Déplié, il nous permettrait de dormir à deux sur l'herbe humide, mais il nous exposerait à la fraîcheur de la nuit. Replié, il peut nous abriter de tout, mais seulement si nous sommes *l'un sur l'autre.*

C'est aussi simple que cela.

Ma punaise de bénitier a très bien compris. Elle avale sa salive et me laisse décider.

À son *« que je respecte profondément »* j'ai très bien compris qu'entre elle et l'apothicaire il n'y avait plus ni sentiment ni bagatelle. Est-ce pour cela qu'elle est nue sous son pull ? Car elle n'a pas de soutien-gorge, j'en jurerais. Et pas de culotte non plus sous son pyjama...

Spiritus promptus est caro autem infirma : l'esprit est prompt mais la chair est faible. La mienne s'émeut, je le sens bien.

J'invite Gwen à s'asseoir, ce qu'elle fait avec des grâces de chaisière... puis je m'assois près d'elle :

— Je vous sens malheureuse, Gwen, comme si vos convictions et votre foi n'étaient pas suffisantes à votre bonheur ?

Elle détourne son visage :

— Une femme ne peut pas être seulement l'épouse de son mari, la mère de ses enfants, ni même une militante. J'aspire à... j'aspire à... Jean-Xavier et moi faisons chambre à part, Étienne ! Et je n'ai que trente-six ans !

Je lui en donnais plus.

— *Semel in hebdomada ?*

— Pardon ?

— C'est de Celse, un mystérieux médecin de la Renaissance, cela signifie : « Une seule fois par semaine ? »

— Ah ! Étienne, vous semblez si éloigné de ces affaires du corps ! Je vous réponds : non, pas même une fois par semaine.

Maintenant, *argumentum baculinum* (l'argument du bâton). J'adopte une voix grave, à la limite du ronronnement liturgique, et prends ses mains dans les miennes :

— Il n'y a aucune culpabilité à ressentir le désir charnel, Gwen ! Dieu nous a ainsi faits, l'âme d'un côté – et la vôtre est élevée –, un corps qui réclame sa part de l'autre. Votre corps a soif de caresses et d'attentions amoureuses, Gwen, il y a droit. La vie ne doit pas être une épreuve si l'on ne se destine pas à la sainteté.

En disant cela, j'ai pivoté sur les fesses et je me retrouve face à elle. Elle respire fort, la pointe de ses petits seins pousse la laine de son pull. Une excitation lasse s'empare de tout mon corps, comme si celui-ci allait chercher ses fonds de tiroir pour honorer le contrat à venir. Encore un peu de testostérone, monsieur le bourreau, cette malheureuse créature a besoin de tendresse.

Et pourtant, c'est une garce.

— Que faites-vous, Étienne ?

Je tire sur ses pointes de seins, doucement. Puis de plus en plus fort. Elle veut l'inquisition pour les autres, elle doit la supporter pour elle-même.

— *Asinus asinum fricat.*

— Ce qui signifie ?

— L'âne frotte l'âne. Nous sommes pareils, Gwendoline, nous dissimulons nos désirs derrière notre éducation et nos principes, mais qu'en est-il au juste ? Ce qui nous distinguera toujours de ceux qui se roulent dans la fange, c'est le regard compréhensif, tolérant, que nous portons sur nos faiblesses...

Elles ont bien dû s'allonger de trois centimètres, ses pointes. Derrière, la masse chaude et molle a pris une forme conique. Ça n'a rien à voir avec une caresse, mais elle aime ça, j'en mettrais mon prépuce au feu.

— Étienne, chuchote-t-elle, oh, Étienne !...

— Oui ?

— Pourquoi vous ai-je rencontré ? Je vous entraîne dans le péché, vous, si droit, si pur... Plus fort, oui, tirez... Tirez à les arracher, je l'ai mérité ! Oui, je vous reconnais comme confesseur, comme confident, comme ami, Étienne ! Oui, oui, j'ai le besoin de toucher, d'embrasser, de sentir ce que je n'approche plus qu'en rêve...

Je la lâche, me hisse sur les genoux et je rentre le ventre comme un yogi hindou. Mon training de coton glisse sur mes hanches et reste accroché à la partie émergente de moi-même : un sexe dont je n'attendais plus qu'il se dresse avec tant de vigueur.

— Gwendoline, ce rêve est à votre portée ! Il n'y a pas de péché, il n'y a qu'un juste paiement de toute votre abnégation d'épouse et de mère. Tirez sur mon pantalon, Gwendoline !

— Juste abnégation ! Mon Dieu, c'est tout à fait ça. Vous lisez dans ma vie, dans mon âme ! J'hésite, Étienne, j'hésite à faire cela ! Dieu nous voit !

— Dieu nous aime. Tirez !

Elle tire. Le training glisse sur mes genoux, je n'ai pas mis de slip, ma verge bondit à l'air libre. Corne de chair blafarde, polie comme l'ivoire, plantée comme un tee dans le gazon noir en broussaille. La lune se mire dans la tête ronde où bâille une bouche vorace.

Gwen, livide, ne peut en détacher ses yeux. Sans pudeur, je m'exhibe. Je lui rentre dans les yeux cette chair dure, odorante, moirée d'un jus d'excitation. Je me tends vers elle :

— *Ex ungue leonem !*

— Traduction ? articule-t-elle, la bouche sèche.

— On reconnaît le lion à sa griffe. *Quo non ascendet*, jusqu'où ne s'élèvera t-il pas ?

La lune est venue jeter un coup d'œil et elle sculpte durement les veines et les corps caverneux que Gwendoline caresse nerveusement. Je glisse une main sous son pull, puis sous son pantalon. C'est cela, elle non plus n'a pas de culotte. On peut aisément insinuer un doigt de côté pour caresser, tout en haut des cuisses, un endroit un peu brun, très doux, presque le sexe, mais pas encore.

— Étienne, on croirait qu'elle n'arrête pas de grandir !

— *Omnia vincit amor !*

— ... ?

— Branlez, Gwen, branlez !

Elle me branle, fort, durement, comme font les femmes qui ne savent pas faire ou celles qui savent trop bien, justement, et veulent vous faire cracher votre venin sans attendre. Heureusement, mes exploits des jours passés ont engourdi la sensibilité naturelle de cette zone, de sorte que je ne sens rien ou presque. Que le va-et-vient mécanique, empoté, de sa main pleine de bagues en or.

— Oh, Étienne, vous êtes si gros ! râle-t-elle, son visage maigre mangé de cheveux. Je ne sais si je vais pouvoir vous accueillir en moi...

— Bien sûr que vous m'accueillerez, et au plus étroit encore !

Comme elle sursaute, je la mate d'une main sur la nuque :

— Vous m'entendez ? Je vous prendrai par les

reins, pour ne pas profaner le vase sacré d'où sont sortis vos enfants ! C'est le mieux que je puisse faire, Gwen, acceptez-vous ce présent qui me coûte ?

Ah, les beautés de la rhétorique ! Je lui annonce que je vais l'enculer dans un cimetière, sur un méchant bout de Nylon, et elle me remercie avec effusion !

— Oui, oui, prenez-moi par le cul, Étienne, défoncez-moi l'anus, prenez vos aises dans mon rectum ! (Elle n'est pas femme de pharmacien pour rien ; les mots précis pour une situation précise.) C'est si délicat de votre part ! Si généreux !

— Alors sucez, Gwen, sucez !

Elle plonge, vaillamment. Quelle goulue ! Il ne devait rien rester du pharmacien quand elle s'y mettait. Je glisse ma main sous le pilou et plonge dans son humidité. Elle ne s'y oppose pas, mieux, elle joue même de cette délicieuse articulation vertébrale qui permet d'initier un début de pénétration. Elle brûle de l'intérieur, sa chaleur englue mes doigts de mouille épaisse.

Elle a quitté sa culotte de pyjama sans que ma main ne quitte sa fente ni que sa bouche lâche ma bite. On roule en dehors du sac à viande, sur l'herbe humide.

— Quand me prendrez-vous, Étienne, quand ? me supplie-t-elle, un long filet de salive unissant ses lèvres à mon gland écarlate.

— Viens !

Je l'aide à se relever, je l'entraîne à l'entrée de la chapelle. La grille qui ferme l'entrée ne résiste pas à une ferme poussée. Dedans, ça sent la feuille morte, la crotte de souris, l'encens. Un filet de lune entre par un vitrail brisé, suffisant pour voir un autel, encadré de deux colonnes sculptées d'anges joufflus.

J'y pousse Gwen, dont le corps mince, dans tout ce noir, prend une sorte de présence obsédante. Je l'oblige à s'agenouiller entre les deux colonnes. La lumière des étoiles éclaire sa croupe : elle mouille tant que sur ses cuisses se dessinent de petites veinules de liquide gras.

Je chuchote : « *Oleum perdidisti* », je la prends par les hanches, m'ajuste à l'ouverture la plus étroite et pousse d'un coup, le plus fort possible, le plus loin, le plus haut que je peux.

— Ooohhh !

Elle penche sa tête en criant comme les marins à la manœuvre, en rythme, à pleine gueule. Je la défonce pour ne lui laisser aucune chance de réfléchir. Je la défonce pour qu'elle ne se laisse pas rattraper par l'image de son pharmacien de mari assis devant la balance à médocs. Le remords, c'est le danger des femmes honnêtes, plus je l'encule, et plus il recule.

— Han ! Han ! Han !

Je la tiens solidement par ses crêtes iliaques, je cogne droit et raide dans son œil brun, et plus ses cris deviennent précis, plus les macchabées intrigués viennent aux nouvelles. On les entend se rassembler, frottant leurs suaires, entrecliquant leurs os, ils applaudissent des métacarpes, ça leur rappelle le bon temps.

— Oh ! Oh ! Hooo !

Gwendoline est métamorphosée, extasiée, ravagée,

démolie par la peur de jouir à la gueule de Dieu et l'envie de mourir vivante. Je dois la maintenir de force, la clouer sur le marbre, anticipant le moment précis où l'on sait qu'une femme est au plus loin de sa conscience, le moment où elle appartient tout entière à la queue qui la ravage, les quelques secondes pendant lesquelles rien ne compte plus que l'épée qui lui traverse le ventre, le cul et le cerveau.

Enfin, elle se tend, se redresse, tord le cou comme une goule et me dédie un regard aveugle, terrible, tourné en dedans. J'accélère le mouvement, cognant, glissant, m'engouffrant. Elle cherche l'air frais par petites respirations, elle regueule, et elle tremblote, et elle transpire. Puis devient molle, hébétée, plie les genoux et tombe.

Je déchâsse l'engin encore vaillant et m'adosse à la paroi glacée. Bon Dieu, elles vont me faire crever, toutes !

Un long moment plus tard, elle chuchote dans l'obscurité :

— Tu n'as pas joui ?

— Tu as joui pour deux !

— Que veux-tu que je fasse ?

— *Nunc est bibendum.*

Elle s'exécute, assise sur la pierre tombale, du mieux qu'elle le peut. Elle a du mal, parce que je n'ai pas encore reconstitué mes réserves bêtement dispersées dans la crypte, mais elle s'applique. Quand elle me tire un maigre plaisir – à peine une brûlure–, c'est en pleurant à chaudes larmes.

— Quoi ?

— Je n'ai jamais fait cela à Jean-Xav', gémit-elle.

— Une pipe ?

— Non ! Le tromper. Depuis dix-huit ans que nous sommes mariés, il m'a fallu venir ici, sur les chemins sacrés de Compostelle pour me comporter comme... comme (sa voix monte d'une octave)... comme une de ces putes dégénérées qui lisent *Libération* et vont dans les partouzes !

— Jean-Xav' n'en saura rien, Gwen, c'est un secret entre toi, moi et les mecs du cimetière.

— Quels mecs ?

— Je rigole.

Toujours assise, elle lève sur moi un visage spectral, zébré d'humeurs et de larmes :

— Tu l'oublies, Lui !

— Qui, lui ?

— Lui ! fait-elle en montrant le plafond de la crypte.

— Ah, Lui ? Écoute, je brûlerai un cierge pour toi à Compostelle ? Ça te va ?

— Deux !

— Deux. Entendu. On rentre se coucher ?

— Attends, il en reste, souffle-t-elle en replongeant vers ma queue, on ne va tout de même pas laisser perdre tous ces petits bébés !

CHAPITRE 5

Dimanche 17 septembre. Bénévent-l'Abbaye.
Où le narrateur se tire d'une délicate affaire de mœurs en se donnant les habits du moraliste.

On est rentrés sans plus rien se dire. On m'avait donné un billet pour dormir chez l'habitant, un de ces catholiques qui prêtent généreusement assistance aux pèlerins de passage, et j'ai été frapper à sa porte. Je me suis endormi d'un sommeil de brute dans une chambre d'amis, sans plus penser à la facilité étonnante avec laquelle j'avais séduit mon intégriste.

Mon ultime pensée éveillée a été pour Muriel : je l'ai vue, distinctement, allongée sur son lit, sous un Christ de laiton orné d'un rameau de buis. Elle avait remonté sa chemise de nuit et se caressait fougueusement en m'appelant à mi-voix.

Je n'aurais pas été si fatigué, j'en aurais bien fait autant. Mieux, je me serais précipité sur la première cabine téléphonique venue et je l'aurais appelée. Mais cette sorcière de Gwendoline m'avait rincé.

Ce matin, j'ai honte. Sodomiser une intégriste, alors que cette blonde de Bourges était toute prête à m'offrir ses reins ! Il est vrai que je dois accomplir d'abord mon pèlerinage dans son intégralité. Le désir qu'elle a pour moi passe par l'admiration qu'elle éprouve pour mon personnage, et tant que je ne l'aurai pas asservie à ses fantasmes plutôt qu'au Tout-Puissant, je ne peux apparaître tel que je suis : un fichu mécréant prêt à tout pour satisfaire sa lubricité...

Voilà ce qu'on appelle la justice immanente !

Bref, ce dimanche à Bénévent menace d'être sinistre. Je n'oublie pas que voilà une semaine exactement, je débarquais du train de Vézelay, plein de mauvaises résolutions, et si mon journal a avancé, il a pris une tournure que je n'avais pas prévue. Mais n'est-ce pas là le propre du voyage ? L'imprévu vous emmène là où vous deviez aller, puisque dans un voyage, c'est encore vous-même que vous emmenez, tous les voyageurs vous diront ça.

Ma toilette expédiée, après avoir remercié mon hôte avec effusion – c'est un ancien militaire qui a « fait » Dien Bien Phu et la guerre d'Algérie –, je gagne le réfectoire pour prendre une frugale collation. Je n'ai, bien entendu, aucune envie de marcher lundi avec les trois pimbêches et leur kapo, et depuis tout à l'heure, je cherche un plan pour leur fausser compagnie.

Tout ce petit monde est là, attablé devant un petit déjeuner pour souris (un café et un pain au lait, tout ça pour cinq euros !).

Alors que nous sommes seuls (les autres ont été se resservir du café), Gwendoline, fraîche et souriante, me glisse :

— Étienne, il faut que je vous parle avant que nous ne reprenions notre route.

Tiens ? Elle me vouvoie de nouveau ?

— Je vous écoute, ma chère.

— Voilà, je suis un peu gênée de parler de cela... (coup d'œil à ses copines qui gloussent devant le passe-plat). Je vais vous paraître très impudique, mais j'ai raconté à Adeline et Clotilde notre petite entrevue de cette nuit...

— Dans la chapelle ? Quand je vous ai sodomisée ?

— Je vous en prie ! dit-elle avec le rire condescendant que l'on a pour le bas-peuple quand il pète en public. On est très amies, vous savez, on ne se cache rien. Je leur ai vanté la discrétion, le savoir-faire et la bonne éducation dont vous avez su faire preuve et, heu, elles sont... comment dirais-je ?... intéressées.

— Intéressées ?

— Ouiii ! Ces qualités sont si rares aujourd'hui. Elles proposent que nous nous donnions un rendez-vous à Bergerac. L'oncle de Clotilde y a un petit ermitage, oh, rien de bien luxueux mais tout de même, et surtout, il est sourd et aveugle...

— Le pauvre !

— Au contraire ! C'est parfait ! Il peut nous héberger tous les quatre dans de bonnes conditions et nous pourrons alors poursuivre à l'envi nos entretiens... si j'ose dire.

Je suis sidéré. Ma parole, elle me propose une partouze ? Cette femme a donc l'âme d'un iceberg ? Mais je vois la faille et je m'y engouffre :

— Vous n'y pensez pas, Gwendoline ! Une orgie, et puis quoi encore ! Sous les yeux d'un vieil oncle, en plus !

— Je vous dis qu il est aveugle ! souffle-t-elle en adressant un sourire coincé aux deux autres. Ne faites donc pas l'enfant ! Vous pourrez, heu, vous amuser avec mes amies comme vous savez si bien le faire...

— Je suis désolé, Gwen, mais si j'ai fait cela avec plaisir sur le moment, je m'en suis bien repenti cette nuit ! Ce matin, aux aurores, j'ai demandé à être entendu en confession et l'on a bien voulu me donner l'absolution...

— Vous avez ? (Un éclair affolé passé dans sa prunelle.) Mon dieu, Étienne, et moi qui voulais...

— ... m'entraîner à nouveau sur les chemins de la perdition, c'est cela ?

— Moins fort, je vous prie !

— Dieu nous entend ! Dieu nous voit, Gwendoline !

Là-bas, ses deux copines ont compris que quelque chose ne tournait pas rond, et elles jettent des regards affolés à leur guide, qui règle les petits déjeuners à la caisse. J'achève, impitoyable comme l'est la justice envers les petits :

— Quittons-nous ici, voulez-vous ? Que Dieu et la Pharmacie vous pardonnent d'avoir rompu les liens sacrés du mariage !

Je me lève, je la laisse plantée là, littéralement assommée.

Riant sous cape, je sors, traverse la rue et m'en vais prendre un vrai déjeuner en face, dans une brasserie. Deux œufs au plat, des rillettes, du café, un jus d'orange. Il faut bien ça pour me remettre de mes émotions.

L'arrogance de cette femme ! Sa fausseté ! Et ça donne des leçons ! Et ça vote facho des deux mains !

Quel soulagement de n'avoir pas à passer une journée de plus avec ces folles de Dieu !

Un peu plus tard, je les vois sortir tous les quatre. Les trois blondes rient haut et fort, mais elles n'en mènent pas large, à voir la façon dont elles surveillent les abords – des fois que je les pointerais du doigt pour les montrer, tel un Torquemada. Le cureton, lui aussi, me cherche, je ne sais pas ce qu'elles lui ont raconté mais il n'a pas tout gobé visiblement.

Après avoir relacé leurs chaussures et vérifié leur équipement, ils entament leur longue marche vers Saint-Léonard-de-Noblat et disparaissent au bout de la rue.

Bon débarras !

Où le narrateur, pourtant recru de fatigue, retrouve quelque énergie au contact de sympathiques cathos prolos.

Le dimanche, il n'y a pas d'autocar pour ailleurs, à Bénévent. On reste collé là ou on en part à pied. Mais si je pars, je risque de rattraper mes pèlerins intégristes, et je n'ai pas trop envie de marcher non plus : que faire ?

Une balade en attendant l'heure du déjeuner. Ensuite, j'irai demander à mon hôte de cette nuit si je peux taper l'incrust' une nuit de plus. Je me retaperai le récit des derniers jours de Dien Bien Phu, mais tant pis. Demain, je filerai sur Périgueux, en train.

J'espère y retrouver mes premiers compagnons, le principal, le proctologue et leurs trois compagnes. Ils savent que j'aime faire la route seul, ils ne s'étonneront pas de me voir ressurgir. Je n'ai pas oublié la grande fille brune qui lit du Bourdieu, Évelyne : j'aimerais assez voir ce qu'elle a dans le ventre, celle-là.

Moi, bientôt, j'espère !

Le pays est joli, il fait doux, l'air sent le champignon. Je fais un grand tour en solitaire puis, avisant un beau chêne au pied ombré de mousse, je m'allonge pour rêvasser. Un moment, je pense au journal que j'écrirai une fois rentré à Paris – j'ai jeté quelques notes sur mon petit carnet de moleskine, le reste est bien présent dans mon esprit. Je dresse un rapide bilan : mon programme se déroule à merveille, bien mieux même que je ne l'espérais. J'ai traversé trois strates de catholiques, les intellos, la bourgeoisie, les intégristes. Encore un ou deux sondages, et je rentre à Paris : je n'aurai même pas eu à pousser jusqu'en Galice.

Quand je me réveille, il est treize heures ; j'ai fait une sieste et rêvé de Muriel rampant sur les coudes et les genoux dans les dunes du Cap d'Agde. Un naturiste maghrébin beau comme un dieu était engagé jusqu'à la garde dans son délicat fessier, un culturiste allemand était suspendu à ses seins roses et suçait ses longues pointes dures. Un spectacle magnifique.

Décidément, je n'arrive pas à la sortir de mon esprit. Je sais bien pourquoi : c'est ce mélange de sainteté et de perdition qui me plaît en elle. Une part de moi-même aspire à frôler sa pureté, l'autre à la profaner. L'ange et la bête se bousculent en moi, comme ils se bousculent en elle.

Deux humains qui se cherchent dans l'obscurité du monde. Ah, Muriel !

Du coup, je trouve bien pâlichonnes mes liaisons parisiennes avec la lycéenne rousse et la vendeuse iranienne – et je ne parle pas de la wonder woman hystérique. C'est décidé, j'y mettrai fin en rentrant dans la capitale. Il doit y avoir des trains réguliers pour Bourges matin et soir.

Le soleil a déjà commencé sa descente au-dessus de la campagne quand apparaît sur le chemin un joyeux petit groupe. Des jacquets encore, ou plutôt des jacquettes, plus très jeunes pour quatre d'entre elles, vêtues modestement (sacs à dos d'occasion, imperméables fatigués, tennis ou baskets éculées) et emmenées par une jeune femme dans la trentaine, visage ascétique mais régulier, superbes yeux gris et cheveux coupés au rasoir et prématurément blanchis.

— Bonjour, mon frère ! claironne-t-elle comme elles arrivent à ma hauteur.

— Bonjour !

Elles s'arrêtent, se télescopant les unes les autres comme les wagons d'un train. Rires. Elles sont gaies, insouciantes.

— Je vois à votre baluchon que nous allons dans la même direction ?

Je souris de toutes mes dents :

— À Compostelle, oui.

Le chef de troupe fait la moue – elle est très jolie, décidément, mais n'a pas l'air commode.

— Vous n'avez pas tellement l'air d'un pèlerin.

— Je viens de Vézelay. Je suis parti il y a une semaine.

Les autres se sont laissées tomber dans l'herbe. Marcher si longtemps n'est plus de leur âge, mais c'est encore dans leurs convictions. Elles m'examinent avec curiosité et pouffent en se poussant du coude : ce ne sont ni des bourgeoises frustrées ni les intellos de la gauche *Télérama*, encore moins les punaises christiques du Lefebvre inutile, non, plutôt de la catholique de base, le peuple biblique pur jus, semble-t-il. De braves femmes.

— Mes amies sont toutes bénévoles dans notre paroisse de N..., explique la meneuse. Une fois par an, nous nous offrons le luxe d'un petit bout de pèlerinage, et nous repartons plus fortes. Je les aide et les soutiens.

Cet air angélique, ce sourire collé, cette grande croix étroitement serrée par le gilet de laine, suis-je naïf : c'est une religieuse, bien sûr ! Le meilleur de l'être humain, efficace, toujours disponible, à l'écoute. Des jambes superbes, aussi, bien musclées. Mmmhh...

Elle s'appelle Marie-Luc. Marie-Luc est très sollicitée par chacune de ses protégées : Marie-Luc par-ci, Marie-Luc par-là... Marie-Luc répond à tout, calme, souriante, serviable. Si pour les méchants intellos, la religion est une affaire entre Dieu et soi-même, pour les gentils cathos, elle est une affaire de communauté. Comme au parti communiste.

Marie-Luc a beau être charmante, je n'oublie pas que c'est pour les gens de sa confession que nos hommes politiques exhibent la République aux messes anniversaires de Notre-Dame, consultent des évêques semi-liquides avant de prendre la moindre décision et freinent au maximum l'intégration des musulmans. C'est aussi à cause d'eux que l'État n'ose pas sucrer les subventions publiques aux écoles privées, concède l'interdiction de telle ou telle affiche de cinéma et accorde de scandaleux cadeaux fiscaux aux congrégations.

Sans parler du silence pudique autour de l'énorme parc immobilier du clergé à Paris.

— Compostelle ! soupire Marie-Luc. Je n'y suis jamais allée.

Je me fends alors de mon petit couplet pour faire pleurer Margot – les cathos adorent les histoires édifiantes, où le Bien triomphe du mâle. L'inverse de ce qui se passe dans la vraie vie, quoi.

— Dieu aide toujours ses brebis, ma sœur. C'est Lui qui m'a permis de venir jusqu'ici, moi qui ne marchais pas il y a encore trois mois.

Ses grands yeux gris s'arrondissent :

— Comment cela, vous ne marchiez pas ?

Petit geste de modestie et sourire d'humilité :

— Il y a un an, à la suite d'un accident, j'ai perdu l'usage d'une jambe. Il me restait l'autre, mais les médecins étaient très pessimistes. J'ai décidé alors de donner un objectif à ma vie, qui jusqu'ici n'en avait guère : faire le pèlerinage de Compostelle. Le faire à tout prix, dans n'importe quelle condition. Cet espoir m'a soutenu et a accéléré la guérison de ma jambe, j'en suis certain.

Mes pieuses marcheuses se récrient : venir jusqu'ici avec une jambe mécanique, quel exploit ! Réunies en grappe autour de moi, elles veulent en savoir plus : « Racontez, Étienne, racontez ! »

Je reste modeste, je mets en avant la « formidable équipe médicale », le travail du temps et la souffrance, mais...

— Surtout, cette expérience difficile, ce long chemin, m'ont permis de me révéler à moi-même. Je le dis aujourd'hui, mes sœurs, cet accident a été la chance de ma vie ! Je lui ai trouvé un sens, ici, entre Vézelay et Bergerac, au milieu de notre extraordinaire communauté...

Long silence. Elles fixent toutes mes jambes sous mon pantalon de velours : laquelle est la vraie, laquelle est la fausse ? Et, bien sûr, elles ne peuvent empêcher leurs yeux de se poser sur la troisième – je parle de celle qui est au milieu. Visiblement, celle-là est plutôt en bois.

Bon. Fini les présentations. Il faut ferrer maintenant, sans en avoir l'air. Je me mets sur pieds avec une petite grimace de souffrance – la même qui m'a déjà servi avec mes pèlerins de Vézelay :

— La route est longue, mes sœurs, je vous quitte à regret.

Marie-Luc a consulté ses ouailles du regard :

— Nous pourrions peut-être vous accompagner jusqu'à Bourganeuf, mon frère ? Nous y avons rendez-vous avec un ami qui véhicule nos sacs. Nous ne sommes plus si jeunes, n'est-ce pas ! s'excuse-t-elle avec un petit rire charmant.

— Eh bien, avec grand plaisir, ma sœur ! Cheminons donc de concert, en compagnie du Seigneur, comme autrefois !

Et nous voilà partis. Pour faire honneur à mon histoire, je veille à boiter très légèrement.

Tout en marchant, les échanges vont bon train. Les émerveillées se succèdent à mes côtés, me touchent, me prennent le bras, me soutiennent dans les passages difficiles... Elles m'avaient toutes parues vilaines sur le moment, leur bonté me les rend agréables.

Fortunée, par exemple. C'est une Antillaise, dans la cinquantaine, un peu enveloppée mais sympa et rigolote. Il faut toujours une Antillaise dans un groupe de gentils cathos : obstinément gaie, elle amènera ce « je-ne-sais-quoi » de pimenté et d'exotique qui manque au gris terne qui est de mise. Elle permet aussi de se dédouaner de toute forme de racisme et l'on peut alors se laisser aller à toutes les autres formes de discrimination (les juifs, par exemple).

J'aime bien Jacqueline également. Elle aussi est un peu forte, mais avec un teint éblouissant et un beau sourire. Son embonpoint rend harmonieuses les deux fesses gigantesques qui ballottent dans son pantalon élastique. Ça n'est pas sans charme. De plus, elle me prend pour le cinquième évangéliste, ce qui devrait me faciliter la tâche.

Les autres ont l'âge de ma mère.

Très vite, elles se sont mises à chanter :

Oh, que nous fûmes joyeuses
Quand nous fûmes à
Sainte-Dominique
En entendant le coq chanter
Et aussi la blanche Géline...

Elles me cassent les oreilles, aussi j'accélère le pas : si je suis le boiteux, je suis aussi le plus rapide. Pourtant, au train auquel nous avançons, nous ne serons pas à Bourganeuf avant une éternité.

Je me trompais : le Seigneur a dû raccourcir le chemin sous nos pas, car vers dix-huit heures nous entrons dans la petite ville.

Où l'on suit notre don juan mécréantet cynique chez une modeste et méritante population dont les vertus exaspèrent ses vices.

Une AMI8 antédiluvienne y entre en même temps que nous, conduite par un jeune curé sympathique qui ravitaille le groupe à l'étape : le père Francis.

Aïe ! Voilà qui complique la situation. Un curé, et jeune en plus ! Il est en habit noir, comme les publicitaires et les designers, avec l'air tortu que prend Ardisson pour cuisiner ses invités. D'ailleurs, il lui ressemble.

Mes nouvelles amies ont plutôt bien goupillé leur voyage ceci étant. La mairie a mis sa salle commune à leur disposition, nous partageons un chocolat chaud et les croissants secs que le boulanger vient d'apporter. Une conseillère municipale vient s'assurer que tout se passe bien et que cette année encore le « Pèlerinage » sera un franc succès, « tant pour les participants que pour la petite ville de Bourganeuf très attachée à cette tradition », ajoute-t-elle.

On est dans la France profonde, attachée à la terre, à la religion. Le temps passe comme un sirop. Ça a quelque chose de rassurant.

J'en aurais bien profité pour me rapprocher de sœur Marie-Luc, mais le père Francis ne la lâche pas d'une semelle. Il y a entre eux une sorte de connivence gênée, en même temps qu'une attirance très forte doublée d'une censure de tous les instants – pour tenir le coup, j'imagine. Il m'a salué, sans plus ; on lui a raconté mon histoire mais il reste méfiant : les curés ne croient pas aux miracles, c'est bien connu.

Je la joue donc profil bas. Il suffit à mon bonheur d'être installé près des voluptueuses fesses de Jacqueline.

C'est elle que je cible, en fin de compte. Elle a une peau parfaite, même si tout le reste est quelque peu noyé dans la graisse, et ses frisettes viennent tout droit du salon de Madame Madeleine, sa copine coiffeuse, bac moins douze, grande lectrice de *Gala*, qui doit lui donner des nouvelles d'Albert de Monaco chaque fois qu'elle va se faire faire une permanente. N'empêche, elle est fraîche, authentique. C'est aussi la plus jeune du groupe.

La seule difficulté, c'est de la faire sortir d'ici, justement. De l'isoler. Je sens bien qu'elle est troublée par ma proximité et il faut que je passe à l'attaque sans tarder. Après, ce sera trop tard.

Je laisse donc échapper un petit gémissement de douleur en changeant de position sur mon banc.

— Qu'est ce qu'il y a, demande-t-elle, vous souffrez ?

— Ma jambe. Parfois, elle se bloque, avec l'humidité...

— Voulez-vous vous allonger ? Il y a des lits pour les pèlerins, dans la salle de catéchisme, près du presbytère...

— Vous m'aiderez ?

— Bien sûr !

À l'autre bout de la table, Marie-Luc n'a rien perdu de notre échange :

— On vous attend pour mettre le couvert du souper, Jacqueline ! lui lance-t-elle. On mange à huit heures !

Il est dix-neuf heures trente. Ça nous laisse à peine une demi-heure. Pas folle, la guêpe.

Nous sortons sous l'œil goguenard de Fortunée. Elle a tout compris, Fortunée.

On marche vers le dortoir. Je clopine, appuyé contre l'épaule dodue de Jacqueline. La nuit tombe.

— J'aurais besoin d'un massage, Jacqueline. Vous savez masser ?

— Non.

— Je vous montrerai. Il faudra me masser fort.

— Si vous voulez, souffle-t-elle, soudain pivoine.

— Tout le long de la jambe, vous voyez. Jusqu'en haut.

— Oui.

Je resserre mes doigts sur son épaule :

— Je suis sûr que vous saurez très bien y arriver...

La pièce est déserte. Nous n'avons pas allumé. Je m'allonge sur un lit de camp, je baisse mon pantalon d'une façon tout à fait naturelle. Trente minutes, zut, ça ne fait beaucoup, d'autant que Jacqueline ne sait vraiment pas masser. Assise de guingois, à contre-jour sur la fenêtre, elle tripote mon genou gauche d'un air malheureux – enfin, j'imagine qu'elle a l'air malheureux, parce qu'en réalité, elle doit dévorer des yeux mon slip Chippendale blanc tendu au bon endroit.

La situation est assez excitante, mais bon, ne

rêvons pas : Gwendoline hier soir, Muriel avant hier, Béa il y a trois jours, Caroline le jour d'avant, la source est tarie, ou presque. C'est plus pour la performance, et par acquit de conscience, dirais-je.

— Jacqueline, ça va ? dis-je en guidant sa main vers la bosse éclatante.

Elle déglutit en retirant ses doigts :

— Mais vous avez vos deux jambes ?

— C'était pour me retrouver seul avec toi, lui dis-je. Tu m'as plu tout de suite. J'ai vraiment eu un accident, et la Vierge Marie m'a guéri, et elle a mis cet autre grand bonheur sur ma route : toi.

Va-t-elle gober mon mensonge ? En fait, elle s'en fiche :

— Je ne suis pas belle, Étienne. Je le sais bien.

— Tu te trompes. Tu as une peau magnifique, et j'aime bien tes formes aussi. (Je grimace avec exagération.) Seulement vois-tu, j'ai gardé des séquelles ; cette douleur qu'il faut soulager par des massages, et puis (je soupire, désolé)... comment te dire ? Je ne peux plus avoir d'enfants, voilà.

C'est un pieux mensonge. Je le fais pour elle, pour émouvoir son cœur trop grand : la catho a pitié, c'est consubstantiel à sa croyance. Du coup, elle se remet à me masser, enfin, à me prodiguer quelque chose qui ressemble à un massage :

— Mon pauvre ! Moi, j'ai des garçons qui font mon bonheur, même si j'ai dû les mettre tous les trois au lycée technique. Y en a un qui a déjà fait de la prison, mais maintenant, il ne fume plus que du hasch.

Et la voilà partie à me parler d'elle, de sa vie, de ses copines, de la solitude qui lui pèse. Elle me parle de sa gaieté perdue, de son mari représentant en bimbeloteries pour chambres à coucher kitschissimes, lecteur assidu du *Pèlerin magazine* et de *Playboy*.

Et le temps qui passe ! Je me tends vers elle, dans l'ombre qui gagne. Au moins, si quelqu'un vient, on le saura parce qu'il allumera dehors.

— Comme ça, oui. Continue à me masser, Jacqueline, tu me fais du bien !

Elle y va de bon cœur, maintenant. Elle me travaille les cuisses à pleins doigts, au ras du slip :

— Comme cela, c'est bien ?

— C'est bien. Ça me serre.

Elle s'alarme :

— Quoi, qu'est ce qui te serre ?

— Mon slip. Je serais mieux sans.

— Je vais t'aider, dit-elle.

Elle l'agrippe et tire d'un coup sec. Il y a un silence. La nuit est tombée, mais elle n'est pas aveugle :

— J'en étais sûre ! Tu peux avoir des enfants ! Plein d'enfants !

— Non, non ! Elle est grosse et dure, tu vois, mais elle ne sert à rien ! Je suis stérile.

C'est ce qu'il fallait dire ; il n'y a pas de danger. Elle empoigne mon pénis avec décision et le décalotte, puis elle se met à masser la tige à pleine main :

— Moi aussi, je suis grosse, glousse-t-elle avec entrain, mais je me dis que le Seigneur m'a faite comme je suis et que je n'ai pas à en avoir honte !

— Tu as bien raison, Jacqueline ! (Je dois serrer les dents pour me retenir.) Ne serais-tu pas mieux, toi aussi, sans ces vêtements qui te serrent ? Dans l'innocence d'avant le péché ?

— Tu crois ? fait-elle sans cesser de recouvrir et de découvrir mon gland d'une main ferme (je suis si raide que j'ai l'impression que je vais m'envoler, accroché à un zeppelin.) Bon, d'accord !

En deux temps, trois mouvements, elle a fait glisser son pantalon élastique à fleurs bleues et sa culotte rose pâle.

Dans la pénombre stellaire, son cul éclate comme un astre jumeau, d'une étincelante blancheur. Comme elle se penche pour faire glisser son T-shirt siglé JMJ, je devine entre le blanc des chairs le gouffre mystérieux de son anus.

J'allonge le bras et pose ma main sur elle :

— Reste comme ça !

Du coup, elle ne bouge plus. Dos tourné, penchée en avant, sa main sur mon sexe, l'autre sur le dossier de la chaise. Son cul est une vallée profonde, insondable. Je colle ma main entre ses globes, jusqu'à sa chatte : elle est aussitôt absorbée, avalée, engloutie. Jacqueline respire fort, elle geint un peu. Sa main droite accélère, elle me masturbe si fort que je crains qu'elle m'arrache la peau !

— Dans ta bouche, prends-moi dans ta bouche !

Docilement, elle se tourne et s'accroupit. Je glisse mon avant-bras entre ses cuisses et m'introduis autant que je le peux dans sa vulve béante.

— Seigneur, oh Seigneur ! couine-t-elle

Je la branle de toute ma main. Elle accompagne mon mouvement de ses lèvres, et j'éclate en poussant un râle.

Où le lecteur nanti d'un minimum de morale se réjouit de ce que le vil suborneur soit démasqué par la blanche colombe.

Lorsque nous revenons à la salle des fêtes, tout le monde s'affaire à préparer le souper. Personne ne souffle mot, sauf Fortunée qui glousse dans son coin. Jacqueline me fait la tête parce que j'ai éjaculé dans sa bouche – c'est donc que je peux avoir des enfants – et elle file rejoindre ses copines sans plus me regarder.

Pour tout dire, je me sens un peu moche, et c'est la première fois. Je croyais que ça lui plairait, mais ça n'a pas été le cas. Ah, ce n'est pas la gourmande Muriel ! En plus de me sentir moche, je me sens coupable, je veux dire coupable envers ma bourgeoise. Un comble, pour un célibataire libertin qui, la veille encore, ne s'encombrait pas de scrupules !

Deviendrais-je meilleur en marchant vers Dieu ?

On mange le nez dans nos assiettes. Les voyageuses sont fatiguées, Marie-Luc et son faux-jeton de curé discutent dans leur coin. Ils n'ont pas apprécié que je m'absente avec une de leurs paroissiennes. J'ai surpris quelques coups d'œil qui n'augurent rien de bon.

Après le dîner, j'essuie la vaisselle, en clopinant bas pour bien montrer que je prends sur moi, mais ça ne semble plus intéresser personne. En allant ranger le pain dans la remise, je surprends Jacqueline qui s'administre un gargarisme avec du vinaigre.

— Jacqueline...

— *Vade retro, Satana !* me coupe-t-elle en recrachant sa mixture. Vous êtes le diable, mais vous ne m'aurez pas deux fois !

Et elle sort. Sans doute, rentrée chez elle, s'administrera-t-elle la discipline pour avoir pris du plaisir en dehors des liens sacrés du mariage. N'empêche, elle repensera à cette soirée jusqu'à la fin de sa vie – c'est ce que j'aurais voulu lui faire entendre, mais elle ne m'en a pas laissé le temps.

Marie-Luc est entrée sans que je l'entende. Sa voix douce me prend par surprise :

— Vous avez deux minutes, Étienne ? Ce que j'ai à vous dire est important.

Elle referme la porte. Nous voilà seuls dans la remise, mais la situation n'a rien d'excitant, au contraire : il émane de sa frêle personne une hostilité étonnante. C'est tout juste si elle ne me fait pas peur.

— Je vous écoute, Marie-Luc...

Elle s'adosse au mur et croise les bras. Son regard gris ne me lâche pas :

— J'ai entendu les derniers mots de Jacqueline, sans le vouloir. Je ne crois pas que vous soyez le diable, Étienne, je crois que vous êtes simplement un homme, et c'est bien pire...

— Mar...

— Laissez-moi parler ! Il faut que vous sachiez que je n'ai été dupe à aucun moment de votre cirque. Il se trouve que je suis infirmière dans le civil, votre guérison miraculeuse ne m'abusait pas. Je vous ai pris d'abord pour un mythomane, puis pour un délinquant et finalement pour un pervers. Je me trompe ?

— Je ne suis pas un délinquant.

— Vous n'êtes pas très honnête non plus. Vous profitez de la naïveté de ces braves femmes pour assouvir vos instincts, comme n'importe quel petit escroc.

Quelle dégelée ! Je sens le rouge de la honte me monter au visage :

— Si vous étiez au courant, pourquoi n'avez-vous rien dit ?

— Jacqueline est majeure, et nous ne sommes pas en colonie de vacances. Mais maintenant, il faut partir le plus rapidement possible puisque vous avez eu ce que vous vouliez.

Je tente une parade – minable, je le confesse :

— J'ai profité de la naïveté de ces femmes, peut-être, mais vous aussi !

— Moi aussi ?

— Si elles n'étaient pas naïves, croiraient-elles à toutes ces bêtises que l'Église leur inculque dès leur plus jeune âge ?

Un petit sourire désabusé passe sur ses lèvres minces :

— Je n'ai aucun intérêt personnel à ce que ces femmes croient en Dieu et pratiquent leur Foi, d'autant que je partage leurs croyances.

— Pas même un brin d'orgueil ?

— Pas même. Je suis investie d'une mission, j'y crois, et je l'accomplis de mon mieux. Pour ces femmes comme pour moi, l'Église est une grande famille. Vous avez l'air très seul, Étienne : vous tenez debout sans rien ni personne en qui croire ?

— Je crois en moi. Ce n'est pas grand-chose, je vous l'accorde, mais au moins je n'asservis personne. Vous savez ce que dit Cioran ? Dieu doit beaucoup à Jean-Sébastien Bach, et pas le contraire.

Elle accuse le coup, fair play :

— Joli ! Injuste, mais joli.

Je crois bon de porter l'estocade :

— Et puisque nous parlons de famille, le père Francis, qui vous couve du regard, c'est un cousin ?

Là, elle pâlit de colère.

— Je vous plains, mon pauvre Étienne ! Vous salissez tout ce que vous touchez ! Vous voyez le mal partout !

— Ah non ! Ça, c'est votre fonds de commerce, à l'Église. Moi, je ne vois le mal nulle part, tant que tout le monde est consentant.

— Consentant à quoi ?

— Au sexe, par exemple.

Elle secoue ses cheveux impeccablement coupés d'un air accablé :

— Il ne peut donc y avoir d'autres rapports humains que sexuels ?

— Jureriez-vous que ce charmant curé ne vous colle pas aux fesses et que cela ne vous gêne ni ne vous dégoûte ?

— Et quand bien même cela serait vrai ! lance-t-elle en levant les bras au ciel. L'essentiel est de savoir résister à ses pulsions !

— Pourquoi résister, pour qui ?

— Mais pour donner une valeur aux relations humaines ! L'amour, vous connaissez ce mot ? L'amour qui transcende la sexualité et donne toute sa valeur à l'*acte*...

— L'amour, cet infini à la portée des caniches...

— Je connais la formule, Étienne. Vous vous prenez pour un loup, c'est ça ? Il vous faut de la viande fraîche tous les jours ?

C'est une sacrée dialecticienne. Je fourbis mes arguments quand elle reprend, un ton en dessous :

— Vous savez, je n'ai pas toujours été religieuse. J'ai connu l'amour et le désir.

— Le plaisir ?

— Le plaisir, ce n'est jamais que quelques secondes. Fulgurantes, certes, et l'on jette alors un coup d'œil sur l'infini, je vous l'accorde. Mais le désir, Étienne, le désir ! C'est une longue quête de l'autre, un partage, un don. C'est sortir de soi, enfin...

Elle achève, les yeux baissés, comme épuisée :

— Une femme n'est pas un coquelicot qu'on cueille et qu'on jette après, mon pauvre ami. Vous êtes une montagne d'égoïsme, et pourtant j'ai pitié de vous.

Moi aussi, j'ai pitié d'elle en ce moment. Elle a l'air si fragile, si démunie ! Malgré cela, son arrogance, sa force n'ont pas disparu : elles sont en veilleuse, c'est tout.

— Je sais bien que je n'aurai jamais le dernier mot avec vous, Marie-Luc. Vous êtes du côté de la morale, moi de la jouissance. Nos quêtes du bonheur sont inconciliables : vous à long terme, moi tout de suite. Je doute de tout, vous ne doutez de rien. L'humilité, je la pratique mieux et plus quotidiennement que vous et, pour finir, je ne suis pas persuadé que vous êtes beaucoup moins égoïste que moi : car vous voulez faire le bonheur d'autrui avec vos règles, votre foi, votre bonne conscience. Elle fabrique toujours des camps de concentration pour les autres, vous le savez bien...

Et je me tais.

Le réfectoire est silencieux. Tout le monde est parti, un malaise sournois s'installe. Marie-Luc ne dit plus rien. De mon côté, j'attends. Pourquoi ne se lève-t-elle pas, tout simplement ? Et quel bordel fait la forêt proche, ce soir ! Des chouettes, des sangliers, c'est incroyable.

Mais tout ça l'est moins que la main de Marie-Luc quand elle se pose sur mon pantalon, à hauteur de braguette :

— Ne dites rien, Étienne ! Je vais faire quelque chose dont j'ai envie depuis longtemps. Je ne veux pas savoir ce que vous en pensez. Jamais !

Elle a parlé d'une voix blanche.

— Quoi, Marie-Luc ?

— Ça.

Elle desserre ma ceinture, ouvre largement la

fermeture Éclair de mon velours et glisse sa main dans mon slip. Je suis tellement stupéfait que je ne réagis pas.

Elle a sorti ma verge et la serre dans sa main fraîche. Une verge ridicule, repliée sur elle-même, plissée, étroite. Absente, lovée. Un fantôme de verge. Une verge virtuelle.

Il fait tout d'un coup un froid de boucher dans ce réduit. La voix sardonique de la religieuse résonne sous la voûte de pierre :

— Alors, c'est ça, votre Tout-Puissant ? Déployez-le, Étienne, faites-le sortir des nuages, déclenchez la foudre et le tonnerre ! C'est comme ça que vous faites avec toutes, n'est-ce pas ?

Elle me masturbe, pour rien.

Il y a un bug.

Tous mes circuits ont sauté.

Je pourrais bander. Il me suffit de penser à Muriel, mais je ne veux pas profaner l'image de Muriel, pas comme ça. Muriel est à moi. Béa, alors ? Béa suspendue au noisetier, en forêt du Morvan, pourquoi ne m'excite-t-elle pas ? Et ma bonne Caroline, sa bouche resserrée comme si elle suçait un citron ?

Marie-Luc continue de me branler doucement, ses yeux gris braqués sur moi :

— Alors ? Que fait-il pour vous, votre Dieu ? Pourquoi restez-vous si racorni ? Comment dites-vous en latin ? *Ex ungue leonem*, c'est cela ?

Et Gwendoline, elle ne peut pas faire quelque chose pour moi, la sodomite ? Non, elle ne fait rien. Elles se sont toutes enfuies dans l'allée des souvenirs.

— Si vous me laissez du temps, je suis sûr que...

Sœur Marie-Luc me lâche, et mon appendice misérable va donner du nez sur l'élastique de mon slip.

— Du temps, nous en avons, nous autres catholiques, parce que notre Amour est éternel ! Mais pas vous, Étienne.

— Je...

— Je veux que vous partiez. Maintenant.

Elle sort en éteignant la lumière.

La porte claque.

Je reste là, le pantalon sur les genoux, absolument furieux.

Dieu ricane dans l'obscurité.

CHAPITRE 6

Lundi 20. Vers Limoges.
Où l'on assiste à un étonnant retournement de situation, inspiré sans doute par Celui Qui Voit Tout, là-haut.

Et me voilà en pleine brousse, dans le noir, à minuit passé, le sac sur le dos, les jambes cassées par trois heures de marche et un massage-express par une bigote révulsée ! Ce n'est certes pas le souper minable que j'ai absorbé au réfectoire, et encore moins la scène avec sœur Marie-Luc qui me réconforteront.

Pour tout dire, j'en ai pris plein la tête.

Le plus dur, c'est que mon meilleur ami m'a lâché en rase campagne. Plus exactement dans le creux de la petite main de Marie-Luc, là où il aurait dû se redresser, croître du goitre, faire le beau, ne serait-ce que pour lui montrer qu'elle avait tort. N'est-ce pas ce qu'elle espérait, au fond, dans le secret de son cœur : le voir en majesté, s'incliner devant la toute puissance du membre masculin ?

Au lieu de quoi : couic !

Ma fureur s'apaise avec la marche. Car je marche, que voulez-vous que je fasse d'autre ? Je marche sur la route baignée de lune, au milieu des grillons qu'un reste de chaleur maintient en vie. Je marche, mais j'en ai plein les pattes.

Direction Limoges. J'aime bien Limoges, une de mes maîtresses était native de là. Sabine. Un corps très agréable, large, dru. Des seins comme des matelas Epeda. Je l'aimais bien, elle m'aimait trop, je me suis tiré au bout de quelques années. On baisait comme des furieux.

Étienne-le-rat m'appelait-elle. Je l'ai bien mérité.

Je marche donc vers Limoges, en pleine introspection et en pleine nuit, quand deux phares se dessinent derrière moi. Au bruit du moteur, c'est une 2CV – incroyable qu'il puisse en exister encore. Des phares jaunes qui peinent dans la montée : si seulement elle était arrivée avant, j'aurais pu m'éviter cette côte interminable.

Elle freine, si on peut appeler ça des freins ; en fait, ce n'est pas une 2CV, mais une Méhari – la même chose, mais en plastique.

— Comme on se retrouve !

Une voix de femme, moqueuse. L'intérieur de la voiture est plongé dans une obscurité presque totale mais je la reconnais : c'est mon androgyne ! La lectrice de Bourdieu !

— Sabine !

— Évelyne.

— Oui, Évelyne ! Mais qu'est-ce que vous faites là ?

— Et vous ? (Elle a passé la première et on s'élance à la vitesse d'un escargot.)

— Je marche. Vous savez bien.

— Ah oui ! (Petit rire moqueur.) Le pèlerin fanatique ! On ne vous a pas revu, dites donc ? Caroline en était toute chagrine.

— Ah ?

— Le coup d'un soir, c'est ça ? Et Béa, c'était le coup du lendemain ?

Je l'examine à la lueur du tableau de bord : elle a rassemblé ses longs cheveux noirs en un chignon approximatif, piqué dedans ce qui ressemble à des broches pour barbecue, sa bouche est lourdement fardée d'un rouge presque noir, ses yeux dessinent deux papillons, noirs eux aussi. Et surtout, elle a des trucs dans le nez et aux oreilles, partout. Des anneaux, des vis, des agrafes. Une punkette.

— Ils donnent un bal costume, à l'évêché ?

Elle ricane en passant sa troisième à coups de poing (en plus, elle a des colliers de force en cuir) :

— Je ne suis pas plus pèlerine que vous, mon vieux. J'ai fini mon contrat, on est plus obligés de se mentir !

— Quel contrat ?

On roule à toute allure maintenant (un bon 80). Je dois me pencher pour entendre ses explications par-dessus le ronflement du moteur.

— J'habite Lyon. Je vis de petits boulots, mon truc, c'est la musique. Le pèlerinage, c'était pour gagner un peu de blé, maintenant que j'en ai, je file à un séminaire sur Bourdieu.

— Vous gagnez de l'argent avec le pèlerinage ?

— On peut se dire tu. Ben oui, je gagne de l'argent en marchant ! Tu ne savais pas ? Certains cathos sont trop feignants pour marcher eux-mêmes ou alors ils sont coincés par leur boulot, ou ils sont malades, bref, ils raquent pour que d'autres fassent le trajet à leur place. En chient, quoi, pendant qu'ils restent au chaud chez eux.

— Non ?

— Ça se faisait déjà au Moyen Âge, tu sais.

J'avais oublié, mais c'est vrai. J'ai lu ça quelque part.

— Alors tu n'es pas catho ?

— Je suis no future.

— Il en reste encore ?

— Je suis l'une des dernières.

— Et comment tu t'es retrouvée avec les autres ?

— Damien, Pierre-Alain, les filles ? Par l'agence de voyage. En fait, la personne pour qui je marchais est la propriétaire de cette agence.

— À propos, Pierre Alain est bien proctologue ?

— Comment tu le sais ? Il t'a mis un doigt ?

On éclate de rire. Elle est sympa, cette fille.

— Oui, il est procto. Tu as trouvé ça tout seul ? Et son copain est principal d'un collège privé à Paris.

— Et Caroline ?

— Elle ne les connaissait pas. Elle avait réservé son voyage de son côté, mais Pierre-Alain n'a pas tardé à lui mettre la main dessus.

— Il l'a sautée ?

— Le surlendemain de ton départ, dans les douches d'un presbytère. Je le sais, j'étais dans la cabine à côté. (Ses yeux étincellent dans la pénombre.) Elle connaît son affaire, crois-moi !

— Je te crois.

On continue à discuter comme ça un bon bout de temps puis j'ai comme un coup de pompe et je pique un roupillon sans m'en rendre compte car à un moment, je suis réveillé par ses bourrades :

— Et moi, tu avais l'intention de me sauter ?

On est arrêtés en pleine campagne, à l'aube, dans un petit chemin. Ma voisine est nue – intégralement nue à l'exception de ses chaussures cloutées, genre easy rider. Et de tatouages incroyables, sur les seins, le ventre, les épaules : des dragons, des svastikas, des démons hypermembrés. Bien sûr, elle a des anneaux de la taille d'un bracelet passés dans les pointes de seins, et un diamant dans le nombril (et quelque chose brille plus bas, dans le repli foncé de son sexe rasé).

— C'est maintenant, si tu veux ! J'ai comme une petite envie, là.

Elle se penche pour dégrafer mon pantalon.

Mardi 21, mercredi 22 et jeudi 23 septembre, Limoges. Où l'auteur, dans un souci d'exhaustivité qui l'honore, décide de séduire une cheftaine scoute afin que son ouvrage soit complet.

J'ai pas pu, et elle l'a mal pris. Elle m'a laissé là, dans le petit chemin qui sentait la noisette. Je n'étais qu'à sept kilomètres de l'entrée de Limoges, ça m'a tout de même pris deux heures pour gagner la gare à pince.

Je m'en veux, bien sûr. Cette Évelyne avait beau sortir du rayon visserie et boulons du BHV, c'était sûrement une bonne affaire. Et puis, ça vient en plus de mon premier échec sexuel, sainte Marie-Luc, qui elle aussi était sans doute le coup du siècle. Pour un corbatophage comme moi (mangeur de corbeaux, par extension : de curés), ça la fiche mal.

Plutôt que de rentrer à Paris, je prends une chambre dans un hôtel confortable, en face de la gare. Elle est incroyable, cette gare, avec son dôme de cuivre verdi. Quand je lève le nez de mon cahier de notes, je le vois qui scintille sous le petit soleil d'automne. Parce que j'écris, oui. J'ai décidé de rédiger mon carnet de voyage sans attendre, pour ne rien laisser perdre.

En même temps, je lis des trucs sur les chemins de Saint-Jacques, puisqu'en fait, je ne les ai pas franchement suivis. J'étais juste en embuscade, quoi. Bénévent-l'Abbaye, par exemple, je n'en ai rien vu, et c'était pourtant une communauté monastique importante qui gardait les reliques de saint Barthélemy. Bourganeuf était le siège d'une commanderie des Hospitaliers de saint Jean de Jérusalem. Je n'aime pas la religion, mais j'aime bien l'Histoire. Dommage que l'Histoire soit aussi souvent l'histoire des religions.

Je passe deux jours comme ça, à trimer comme un furieux. Ma récompense, c'est chaque soir, à vingt-trois heures : j'appelle Muriel à Bourges ; elle décroche, déjà essoufflée.

— Mon chéri ! Où es-tu ?

Je lui dis : Périgueux, Bergerac, Duras... Ça ne m'amuse pas de lui mentir, mais il le faut bien. Je lui demande comment elle est habillée, et à cette heure-ci, il y a toutes les chances qu'elle me réponde :

— Je suis en chemise de nuit.

On se couche tôt, en province. Sa fille commence au lycée à huit heures. Je la lui fais enlever – sa chemise, pas sa fille – et je la fais se caresser en lui chuchotant des mots brûlants, des trucs que son curé ne voudrait même pas entendre en confession.

Au bout d'un moment, elle se met à haleter et je lui dis de rester sur son lit, les bras de croix, et de ne surtout plus se toucher. Je raccroche, je bouquine un peu, je rappelle une heure plus tard et je lui dis de se finir. Et là, elle se paye un orgasme à tout casser.

Le combiné du téléphone en vibre à mon oreille !

Après, elle a honte, puisqu'elle est catholique.

Et puis, cet après-midi, j'ai eu comme une révélation. Je relisais le sommaire de mon bouquin et quelque chose me chiffonnait. J'ai fini par comprendre qu'il manquait à ce crypto-itinéraire sexuel une catégorie de catholique tout en finesse et toute en cuisse. La chef scoute.

Oublier la chef scoute dans un tel guide, c'est comme ignorer le Basilique à capuchon dans la taxinomie des bêtes qui ont un nom à dormir dehors. Approcher la chef scoute demande une démarche spécifique, un travail élaboré, sans improvisation. C'est toute une culture qui s'offre et il vaut mieux la connaître un peu avant d'y aventurer un pied.

Tout le monde connaît Baden-Powell – pas le musicien, le fondateur du Mouvement Scout. De nos jours, il n'y a plus un seul scoutisme, mais de grands courants qui reprennent grosso modo les familles et les schismes virtuels du catholicisme. Ils sont fédérés par l'Organisation Mondiale du Mouvement Scout, qui reconnaît les Éclaireurs, les Scouts de France, les Scouts Israélites, les Guides, etc... mais pas les Scouts d'Europe ni les Scouts Unitaires, qui ne se distinguent les uns des autres que par de petits écarts dans l'extrémisme fascisant.

Envoyez vos enfants chez eux, et ils tomberont dans les pires délires franchouillards de la Virilité et de la Fraternité. La méthode d'apprentissage est celle du béret vert en culotte courte, le but pédagogique est de forger les caractères jusqu'à avoir devant soi des paras en miniature qui répondront au désir de projection primaire d'un père obsédé par les exploits du GIGN et des commandos de marines. L'horreur, quoi.

On notera que derrière ces troupes d'élites se cache souvent un prêtre fou dont la vue évoque irrépressiblement la cravache sur les reins et les fessées déculottées au sortir de la douche collective.

Chez les scouts, la sexualité en général est hors-champ, puisque les pulsions des gentils scouts sont toutes entières tournées vers l'effort, l'épreuve, la douleur et la démerde façon Rambo. Les femmes sont absentes de la mythologie, à l'exception de l'épouse maigrelette, chiffonnée et pincée, d'un vieux général OAS en retraite qui, chaque année, remet les prix et les médailles aux plus méritants. D'ailleurs, il n'y a qu'un mouvement scout pour les filles : les Guides, d'obédience catholique justement.

C'est dit ; il me faut une chef scoute à mon palmarès. À partir d'aujourd'hui, je me comporte en dragueur de cheftaine scoute, je pense cheftaine scoute, je rêve cheftaine scoute. Il n'est pas question que les incidents déplorables de Saint-Léonard-de-Noblat et de la Méhari se reproduisent.

Je prépare soigneusement ma prochaine expédition. Sur un site Internet scout consulté dans une web boutique, j'ai appris qu'une troupe démarrera demain matin pour l'abbaye de Cadouin, en autocar, depuis le cloître de la cathédrale Saint-Front de Périgueux. Ensuite, ils iront à pied.

Cadouin, c'est l'étape obligée sur les chemins de Compostelle : un tissu blanc crasseux y fut vénéré pendant des siècles comme un morceau du saint suaire, jusqu'à ce que quelques scientifiques démontrent que non seulement le prétendu saint suaire datait du XVe, mais qu'en plus il portait une inscription vénérant Allah ! L'abbaye reste néanmoins une étape obligée du pèlerin et, partant, du scout.

Et donc des cheftaines scoutes.

Dans une libraire d'occasion, j'ai dégoté quelques vieux bouquins qui me serviront de caution intellectuelle : un Paolo Freire, la *Pédagogie des opprimés* (Maspéro, 1974) et le Vygotsky, *Mind in Society* (Harvard press,1978). J'y ajoute un Piaget, dans une vieille édition. J'aurais pu rajouter à l'envi des Rodgers, des Neill et des Montessori, mais mon sac est déjà bien assez chargé comme cela. À mon cahier à spirales de fondu de pédagogie nouvelle, j'ai ajouté en effet un jeu de dames, des échecs, un jeu de Go et des cartes. On ne séduit pas une chef scoute en frimant : on la séduit en se faisant aimer des enfants.

Ce soir-là, je quitte Limoges pour Périgueux, par le dernier train. À Périgueux, je loue une chambre près de la cathédrale Saint-Front – elle ressemble au Sacré-Cœur de Paris ou à une basilique orientale – puis je vais prendre un repas tardif dans un restaurant chinois. Je rentre à l'hôtel vers onze heures, à temps pour appeler Muriel.

Où vais-je lui dire que je suis ? Saint-Martial ? Obazine ? Colombe-la-Rouge ? Saint-Léonard-de-Noblat, tiens, ça me paraît très bien. Une des étapes majeures sur le trajet des pèlerins du Moyen Âge : collégiale de pierres blondes avec une tour-lanterne, un bras reliquaire en bois doré et un verrou que venaient agiter les couple stériles pour que Dieu leur donne un enfant... Le matériel habituel de la bigoterie, quoi, l'accablante vitrine de la superstition humaine. Muriel ne croit rien de tout cela, mais elle est comme tous les catholiques, elle aime l'odeur de l'encens, la paix des confessionnaux, le regard aveugle que posent sur elle les christs de bois.

Elle aime bien se branler en imaginant que je la prends par-derrière, aussi. Elle me l'a avoué hier. Mais ce soir, elle ne répond pas. Elle a peut-être été au cinéma avec sa fille.

Vendredi 24 septembre. Cadouin-Périgueux.
Où l'on s'étonnera que le narrateur, qui n'est pourtant pas Baden-Powell, puisse séduire une cheftaine scoute dès le premier soir. Mais leur devise commune n'est-elle pas : « Toujours prêts ! » ?

Tôt ce matin, j'ai pris le car pour Cadouin et il m'a déposé dans la forêt de Bessède. J'ai pris le temps d'aller voir le fameux reliquaire dans la salle capitulaire, de faire une balade dans les environs et j'attends depuis une heure sur le parvis de l'abbaye.

Au bout d'un moment, quelques rangers en chemises bleues et shorts de toile apparaissent en compagnie d'une cheftaine rebondie, les fesses moulées dans une culotte courte et échancrée ; derrière, une autre jeune femme, plus fine, très rousse, ondulant sous le poids du sac à dos et portant haut le fanion de la troupe. Elles n'ont guère plus de vingt ans l'une et l'autre.

Je suis idéalement placé, près de la seule fontaine du coin, et les gosses se battent pour accéder au robinet, plus pour s'arroser que pour boire d'ailleurs. La cheftaine au short un peu trop court s'excuse avec un beau sourire :

— Nous avons perturbé votre belle tranquillité...

— Pas du tout, pas du tout ! C'est même inespéré de vous croiser sur mon chemin.

— Inespéré ?

— Figurez-vous que je suis en train d'écrire un livre sur l'apport de la pédagogie du scoutisme dans ce qu'on appelle *« l'éducation de la libération »* des années 1960.

Coup d'œil respectueux au Paolo Freire que je tiens à la main :

— Vous écrivez ?

— Disons que j'ai commis quelques ouvrages à l'intention des instits, des profs et des éducateurs...

L'autre cheftaine s'est approchée. Elle se présente :

— Jeanne-Louise.

— Étienne. Et vous mademoiselle ?

— Michèle. Nous venons de Périgueux et nous allons à Monségur.

— Un pèlerinage ?

— Rien d'aussi ambitieux. Mais nous essayons d'apporter en plus de la découverte de la nature une dimension spirituelle, même si les enfants n'en ont pas toujours conscience.

— Passionnant ! Et tellement proche de mes propres constatations sur la nécessité de donner à l'éducation une élévation symbolique ! Paolo Freire ne dit pas autre chose, bien qu'il fût communiste.

La rouquine :

— Paolo Freire ? Je vais noter son nom : vous avez des ouvrages de référence à me conseiller ?

— Eh bien, celui-ci, je vous l'aurais volontiers laissé, mais il est bourré d'annotations. C'est un outil de travail...

Elle s'enthousiasme :

— Vous pourriez peut-être nous accompagner un petit bout de chemin ? Vous semblez avoir tant de choses à nous apprendre ! N'est-ce pas, Michèle ?

Sa copine n'a pas l'air ravie, mais elle acquiesce mollement :

— Si vous prenez votre tour de corvées...

Promis juré !

Les gosses se marrent. Il y en a un, le plus petit mais sacrément dégourdi, qui s'appelle Enguerrand. Celui-là a tout compris. Il me sourit de toutes ses dents : « Mon pote, c'est presque dans la poche ! »

N'empêche, je vais devoir la jouer fine.

Nous prenons le chemin, d'abord boisé, puis très vite il faut crapahuter sur la route et jongler avec les voitures. Michèle est devant, Jeanne-Louise ferme la marche, les rangers sont en rangs d'oignons, ils marchent, sérieux et concentrés.

Je sifflote au rythme des ondulations voluptueuses des fesses de la brune. Pas de culotte sous la toile de son short, je la trouve très sexy, même si elle est revêche.

Vers quinze heures, nous quittons la nationale pour reprendre un joli chemin ombragé. Jeanne-Louise remonte à ma hauteur :

— Ça va, Étienne, pas trop fatigué ?

— En pleine forme ! Dites-moi, Jeanne-Louise, vous avez un endroit pour dormir ce soir, ou c'est au hasard ?

— On a réservé un terrain avec un point d'eau près d'une ferme.

— Et vous leur apprenez quoi, à ces rangers ?

— À devenir pionnier : ils doivent savoir allumer un feu, préparer un repas, réaliser un objet, chanter une chanson... Ce sont des sortes d'étapes dans leur démarche personnelle.

— Passionnant, ça ! On rejoint l'idée de pédagogie active, très en vogue dans les années 1970. Ils aiment ça ?

— Vous seriez étonné de constater leur enthousiasme ! L'effort comme valeur universelle, la solidarité comme principe de vie, l'amour de son prochain comme règle spirituelle : nous forgeons les chrétiens de demain !

Elle a un sourire béat. Je me garde bien de lui rappeler le choix désastreux que firent les dirigeants des Scouts de France avant et pendant la Deuxième Guerre mondiale, du côté de l'Ordre nouveau. Elle est bien trop jeune et elle n'en est pas responsable, mais tout de même...

À dix-huit heures nous sommes sur les hauteurs de Mouleydier. Dans un creux où coule une source, on dresse les tentes, des enfants ramassent du bois mort, un petit groupe part faire les courses au village. Une demi-heure plus tard, ils en rapportent du pain, des raviolis, des Vache qui rit et des pommes.

Chouette, un festin !

J'ai donné un petit billet à Enguerrand pour qu'il achète des mousses au chocolat. Du coup, ses copains me demandent conseil pour lancer le feu. Ça tombe bien, j'ai toujours été très fort pour ça.

On mange tôt. La viande est totalement froide dans la pâte très chaude, la sauce tomate d'un bel orange fluo commence son lent travail d'érosion de mes parois digestives. Heureusement qu'il y avait du dessert ! Je suis assis entre les deux jeunes filles, on s'est fait un petit Nescafé. Michèle a l'air moins méfiante.

— Ça ne fait pas de mal, une présence masculine au sein de la troupe !

— Neill aurait été content, on est au bord de l'utopie éducative, d'une forme de liberté assumée par tous. Quelque chose comme « les libres enfants de Périgueux »...

Mon allusion aux libres enfants de Summerhill fait un flop. Elles sont trop jeunes. Jeanne-Louise s'est éloignée pour aider les rangers à démarrer le feu. Michèle me confie :

— Il nous manque des laïcs dans votre genre, proches des gosses, formés aux techniques éducatives. Nous nous sentons parfois si maladroites, aidées de notre seule foi...

Je la regarde dans les yeux :

— Vous me paraissez tellement engagées dans

cette mission, toutes les deux... Excuse-moi d'être si direct, mais une jolie fille comme toi prend-elle le temps d'avoir une vie privée, je veux dire un petit ami ?

Elle rosit :

— Je n'aime pas ce que les garçons d'aujourd'hui aiment, les soirées, les boîtes, l'alcool. J'aime la nature, la vie de plein air, les jeux dans la forêt. C'est un choix.

Elle ajoute, en tirant sur son short :

— Ceci étant, je préfère ça ; que vous regardiez les filles, quoi. J'ai cru un moment, tout à l'heure, quand Jeanne-Louise vous a invité...

— Que j'étais un pédophile ?

— On est bien obligées de se méfier.

— Oui. Tout le monde devient dingue avec ça, c'est compréhensible. (Je souris.) Rassure-toi, j'aime le corps des femmes. Tu es très bien faite, Michèle, on a dû te le dire ?

Elle rougit, mais elle a l'air contente :

— Non, on ne me l'a jamais dit. Je ne sais pas si je dois m'en féliciter...

Là-bas, Jeanne-Louise s'est emparée d'une guitare et elle rameute les gamins pour la veillée musicale...

— Étienne, tu joues de la guitare ? vient me demander Enguerrand.

— Oh, très modestement !

— Joue-nous quelque chose, s'il te plaît ! insiste Michèle, qui se décide enfin à me tutoyer.

Je me lève :

— Bon. Ce sera une façon de vous remercier de m'avoir accueilli parmi vous...

Applaudissements, cris, encouragements... Je me tourne vers les enfants :

— Allez, une chanson pour les cheftaines, parce qu'elles le méritent largement !

Re-applaudissements, re-cris, re-encouragements, mais plus forts que tout à l'heure.

— J'improvise ! Vous reprenez au refrain !

Et j'attaque :

Les louveteaux sont tous autour du feu
Les flammes s'élèvent vers l'éternel
Cette fumée qui monte vers les cieux
Est comme une prière qui nous appelle.

Refrain

Honneur à tous les gars qui goûtent
Le jus sacré de la fontaine
De l'amitié entre les scouts
Vive le feu
Vive le feu !
Vivent le feu et la cheftaine !

Quand les scouts entonnent un chant de Noël
Agenouillés, tournés vers le Seigneur
Je repense aux vers de Baden-Powell
« Croire dans la troupe est le plus grand honneur ».

Refrain

Les éclaireurs se reposent, fourbus
Devant la flamme qui lentement vacille
Notre cheftaine, solide et invaincue
Lit pour nous des phrases de l'Évangile !

Refrain

Comme elle est fière à la tête de sa troupe
Marchant en chantant fort, pourtant hier
Fatiguée par le travail et le groupe
Ses larmes perlaient au bord des paupières.

Refrain

Fais ta BA, Ranger, comme chaque jour
Aide ton prochain comme on t'a aidé !
Embrasse ta cheftaine, car ton amour
Est ce bien précieux : la fraternité !

Refrain

Un silence ému salue ma chanson. Les deux filles ont les yeux brillants et il me semble que Michèle soutient mon regard plus longtemps que tout à l'heure. Puis les applaudissements éclatent.

La veillée se poursuit autour du feu qui pétille et qui claque. On a droit à quelques numéros de magie, des pantomimes et quelques jeux innocents. Jeanne-Louise est toute à son affaire, c'est elle qui anime la soirée. Elle est jolie, Jeanne-Louise, avec ses cheveux roux comme arrachés au feu, mais Michèle est plus émouvante, car plus femme. Appuyée à un tronc d'arbre abattu, les jambes allongées devant elle et les yeux mi-clos, elle fait semblant de suivre la soirée, mais je devine que ses pensées sont ailleurs.

En me baissant, je lui chuchote à l'oreille qu'elle est encore plus belle le soir, dans la lumière intense du feu. Elle me regarde, affolée.

— On se connaît à peine !

— Mais on est là, tous les deux, au cœur de la nuit. Seuls. Ce n'est pas un hasard, tout de même !

— Nous sommes pas seuls, dit-elle sans remuer les lèvres.

Ça vaut acceptation, je le prends comme ça.

— Moi aussi, je ne suis pas de mon siècle, lui dis-je sur le même ton. Je préfère la forêt aux villes, le ciel aux néons, les animaux aux humains. J'aime être nu parce que être nu, c'est être innocent, vrai, sans mensonges. J'aime être nu dans la nature, comme toi.

Elle se raidit. Un long silence, puis :

— Comment le sais-tu ?

Je poursuis, pris par l'inspiration :

— Je le sais. Je sais que tu t'éloignes du campement, la nuit, que tu enlèves tous tes vêtements et que tu te suspends à la basse branche d'un arbre. Totalement nue, ouverte, penchée. Je sais que tu écoutes le cri de la chouette, le frôlement des belettes et des daims, et que tu guettes...

— Qui ? demande-t-elle dans un souffle.

— Un homme qui te comprendra. Qui te saisira. Qui te fera jouir à crier.

Je me tais. Michèle reste tête basse, pensive, sans rien dire. Des images doivent flamber dans sa tête, aussi mordantes et rouges que les braises devant nous.

— Les enfants, on est fatigués, on se lave les dents à la source et on se couche ! lance Jeanne-Louise.

Et en quelques minutes, tout le monde s'est exécuté, non sans avoir accompli le rituel tribal du pompier amateur : c'est une aimable et virile tradition, semble-t-il, les garçons ont le droit de faire pipi sur le feu pour l'éteindre sous l'œil indulgent de la monitrice. Naturellement, cela déclenche des bordées de rires mais Michèle ne semble pas les entendre.

— Tu ne surveilles pas le coucher ? je demande à Michèle.

— Jeanne-Louise fera ça très bien. J'ai conduit la troupe toute la journée.

La tension est on ne peut plus palpable entre nous. La nuit, la forêt, forment une espèce de huis-clos. Personne n'est plus obéissant qu'un ranger fatigué par trois jours de marche et après de rapides ablutions en contrebas de la clairière, là où murmure un filet d'eau, chacun a rejoint sa tente et son sac de couchage en bâillant. Le silence s'installe très vite.

J'ai détourné mes yeux de la source quand Jeanne-Louise s'y lavait. Elle se dirige à son tour vers sa tente et nous fait un petit signe avant de disparaître.

La route est libre.

Où notre priapique narrateur, pris d'un scrupule tardif, n'abuse pas de la situation, au grand dam du lecteur.

À notre tour de rejoindre la source, le plus naturellement possible. C'est en fait une auge en ciment, reliée aux profondeurs de la terre par un méchant tuyau, mais tout autour l'herbe y est grasse et douce. Des noisetiers et des saules se penchent sur la surface miroitante qui déborde et s'en va rejoindre une canalisation percée, un peu plus loin. La lune perce la ramure de ses doigts d'argent, mais il y fait plus sombre que clair.

Michèle s'est assise sur le rebord de l'auge. Elle a un beau profil, un peu camus, avec un nez busqué qui descend sur des lèvres puissamment ourlées. Il y a du sang arlésien ou avignonnais dans ce sang-là, qui monte par bouffées à sa gorge tandis que je la regarde.

— Je me lave le premier ?

Elle incline la tête, incapable de dire un mot. Serait-elle vierge, par hasard ? Est-ce la première fois qu'elle se trouve seule avec un garçon dans un endroit propice à l'amour ? Je n'ose y croire.

Si c'est le cas, le moindre vêtement sera un piège, la plus petite étoffe un obstacle. Non seulement chez elle, mais chez moi.

Alors, sans bruit, je me déshabille. Totalement. Puis, je me poste devant elle, comme un fait accompli.

Michèle regarde de tous ses yeux, fascinée, muette. Elle regarde mon pénis offert comme un cadran lunaire, avec son ombre droite et raide. Ses yeux sont devenus immenses.

— Non. S'il te plaît...

— Tu n'aimes pas ?

— Oh, si ! Mais... J'ai peur, c'est tout.

— Touche ! Touche-moi.

— Non. J'ai peur. Tu vas... tu vas gicler.

— Mais non.

— Si. Je le vois bien.

— Bon. Attends.

J'ai besoin d'eau fraîche, très fraîche pour retrouver calme et sérénité. Je me courbe sur l'eau pure, je m'asperge, lentement, sans faire de bruit. Quelqu'un qui nous observerait verrait une créature sylvestre, un dieu pan penché sur une source qu'épie une vestale, vierge frissonnante en short échancré haut sur les cuisses et maillot de coton siglé Nike.

Mon organe revenu à des proportions moins agressives, je me campe de nouveau devant elle. Je ne lui en veux pas de ne pas se décider tout de suite, bien sûr. Ces moments de doute et d'attente sont délicieux. Elle dit oui, elle dit non, elle tourne la question dans tous les sens. Elle ne peut détacher le regard de cette corde qui l'enchaînera aux plaisirs de la chair pour sa vie entière. Elle le sait.

— Pourquoi attendre ?

Elle répète, très bas :

— Oui, pourquoi attendre. Elle pousse un soupir très doux, comme si elle reprenait vie, puis elle empoigne le bas de son maillot et le fait passer par-dessus sa tête.

Elle ne se rase pas les aisselles, comme c'est émouvant et fruste ! Ses poils bouclent, à la sauvage, dans les creux. Maintenant, elle est en soutien-gorge, blanc évidement, deux coques de coton avec une petite rose au milieu. Je vois ses seins lourds et blancs, des seins qui ondulent quand elle marche, qui se tendent quand elle se penche – des seins toujours chauds, à la peau souple et douce.

Elle envoie ses mains dans son dos, se dégrafe – un geste qu'elle a fait mille fois, mais c'est la première fois qu'elle le fait pour un homme. Elle a cet air concentré qu'elle doit arborer les veilles d'examen ou quand elle apprend une chanson de marche à ses scouts. Elle ne sait pas qu'il faut soutenir ses seins quand on les libère, se tourner légèrement de côté et les laisser s'échapper de profil, comme à regret, elle ne sait pas qu'elle ouvre un coffre à trésor, elle ne sait rien, c'est une toute jeune fille qui se met à poil sous l'œil lubrique d'un garçon pour la toute première fois de sa vie.

Plus tard, elle fera des manières, elle aura les aisselles rasées, la toison pubienne taillée au cordeau, elle aura du parfum, un stérilet, des capotes dans son sac. Elle sera opérationnelle.

Elle est tournée maintenant vers la source, avec son short qui plisse un peu sur ses hanches, et ses sandales. Ses seins se soulèvent en tumulte, ils ont de grosses pointes, gonflées, comme ceux d'une jeune fille nubile. Elle s'accroupit, les deux pieds sur le petit rebord de pierre, hésite une seconde et baisse son short, dégageant d'un coup sa croupe blanche.

Et là, c'est à moi d'en perdre la voix. Elle n'a qu'un string, minuscule, couleur chair apparemment. Ses fesses débordent de part et d'autre. D'où je suis, on dirait deux ballons gonflés, posés l'un à coté de l'autre. Elle reste un moment comme ça, penchée en avant, l'échine soulignée par la lune, puis elle s'assoit, allonge une jambe après l'autre, et fait glisser son string.

La voilà à genoux. Elle me tourne le dos. Avec sa main, elle s'arrose le ventre d'eau fraîche. Surprise par le froid, elle se cambre puis, bravement, recommence. Je vois nettement son anus et l'ouverture de sa vulve. L'eau retombe en gouttelettes comme si elle urinait. Enfin, elle se retourne et me sourit.

Je m'approche lentement. L'herbe, sous mes pieds, fait un cousin très doux. Je me penche et embrasse son épaule, puis son sein droit. Elle dit :

— Je suis vierge et veux le rester.

— On fera ce que tu voudras.

Avec sa main droite, elle remonte depuis mes couilles jusqu'au gland, lentement, précautionneusement, comme si elle touchait une sculpture de Michel-Ange. Je la guide, ma bouche contre sa bouche :

— Prends-la dans ta main, voilà, tire un peu, pas trop, regarde maintenant, elle a changé... Oui, en arrière, doucement. C'est doux ? Oui, c'est doux. Reviens. Tu n'as jamais fait cela, si ? Au cinéma, avec un garçon, une fois ? Avec ton cousin ? Et qui encore ? Moi, oui. Vas-y, elle grossit, oui, mais n'ai pas peur, ce n'est pas avec moi, à une heure du matin dans un bois de Mouleydier, que tu vas perdre ta virginité. Un jour, tu feras l'amour avec un chef scout de ton âge, dans un lit. Il sera maladroit, tu lui feras croire qu'il est le premier à te montrer sa bite. Tu feras l'étonnée, il sera fier comme un coq. Quand il te déchirera, tu penseras à moi en souriant.

Elle souffle :

— Je ne t'aime pas mais j'aime te faire ça.

— Alors, tu es en état de péché mortel.

Je la doigte, je l'embrasse. Elle est serrée, brûlante. Elle rit dans le noir :

— Je suis en état de péché mortel et j'aime ça !

Je me mets à genoux devant elle, je l'embrasse, ses cuisses, ses poils, son ventre, ses seins, longuement. Pendant que je l'embrasse, je coince ma main entre ses fesses. J'en ai tellement rêvé. Je caresse son anus sans insister, sans forcer, juste pour imprégner mes doigts de cette étrange humidité à la fois moite et sèche que l'on ne trouve que là. Elle relâche un peu ses muscles, l'anneau cède très légèrement à ma pression. Elle ne parle pas, elle respire bruyamment, elle masse mon dos nu avec ses ongles en s'accrochant ici et là. Sa chatte commence à s'engluer, un jus amer et âcre, toujours le même et toujours différent d'une femme à l'autre ; ananas ou morille, citronné à peine, mais toujours kiwi. Michèle est un cru classé, un grand millésime. On y goûte uniquement en descendant à la cave.

Je m'agenouille, je me penche, je l'ouvre, je la distends. Je fourre ma langue aussi loin que je le peux dans la vulve qui bâille. Je l'attire à moi, je la couche sur le rebord de pierre, je fais glisser ma queue humide sur son ventre, sur ses seins, sur ses joues. Puis je la retourne, je darde ma langue à son petit trou en écartant les deux globes avec mes mains. Je suce autour, sur les petits replis de la peau, là où la pigmentation devient plus sombre. Les parfums sont très différents de tout à l'heure, un Fitou pour un Bordeaux, ils sont plus francs aussi, plus âcres, plus membrés. Elle a du corps, de l'épaisseur, de la franchise. Je lui mordille le clitoris, en poussant mon doigt dans son cul. J'entends un grondement, léger, puis plus fort, puis énorme, tandis qu'elle me pisse dans la bouche un jet de bave translucide.

Plus je bouge et plus elle grogne. J'attends que son râle s'amenuise, que la fontaine coule à nouveau, la forêt, les oiseaux, je me redresse, trempé, souillé, glorieux, la couche sur le ventre et m'allonge sur elle.

— Comme ça ?

— Comme ça.

Je tiens son visage entre mes mains, elle a le cou tordu, les reins offerts, j'écrase ses fesses sous mon ventre et la pénètre. Je l'encule, oui, ni vu ni connu.

— C'est donc cela, l'amour ?

— C'est ça !

— Je viens, je viens !

— Viens !

Je la regarde au fond des yeux, mon sperme se perd au fond de ses reins, je regarde ses yeux, elle me dit qu'elle n'oubliera jamais. Je la crois.

Demain matin, les enfants lui demanderont

pourquoi je suis parti si vite. Michèle dira que j'ai reçu un coup de fil de ma mère. Enguerrand la regardera avec son sourire incroyable du sale gosse qui a tout compris. Puis la troupe reprendra le chemin vers Bergerac.

Moi, je serai sur la route, vers Duras, La Réole, Bazas...

CHAPITRE DERNIER

C'est à Bazas qu'elle m'a rattrapé.

Bazas et sa cathédrale du XIVe, avec son triple portail sculpté. Au Moyen Âge commençait là l'une des étapes les plus périlleuses du voyage : les terres inhospitalières des Landes. J'occupais une chambre au Grand Hôtel et m'apprêtais à prendre le lendemain un train pour Bordeaux, puis, de là, à remonter en TGV sur Paris.

On a frappé à la porte, j'ai pensé que c'était la femme de chambre, j'ai dit : « Entrez ! »

C'était Muriel.

Elle me pistait depuis Périgueux.

Ça l'a pris comme ça. Elle n'avait rien de mieux à faire, la petite lui avait annoncé qu'elle pourrait aller vivre avec son père puisque sa mère *« avait quelqu'un, un pèlerin sympa, jeune, marrant. Et pourquoi »*, avait aussi suggéré Thérèse, *« ne pas aller jusqu'à Saint-Jacques-de-Compostelle avec lui ? »*

Elle a trouvé que c'était une idée merveilleuse.

Elle est donc là, à côté de moi, heureuse et pleine

d'allant. Elle a insisté pour se lever très tôt, pour prendre la route de Roquefort, Saint-Pierre-du-Mont, Saint-Severs... Elle veut remercier le Seigneur de m'avoir rencontré.

Cette nuit, elle m'a fait l'amour comme jamais aucune femme ne m'a fait l'amour. Une bacchante, une pute, une sainte. Au matin, j'ai capitulé. J'ai dit d'accord, on marche ensemble.

Nom de dieu !

Mille – mille ! – kilomètres de route s'étendent devant nous. Des dures, des très dures, des moins dures, des chemins de traverse à l'herbe traîtresse, de la caillasse qui vous fend les genoux, du schiste qui vous ouvre les chevilles, du sable qui se glisse dans vos narines, de la poudreuse qui vous aveugle, de la nationale qui vous casse les reins à chaque pas, de la départementale jonchée de bouses de vache, de la communale crevée de trous...

Mille kilomètres, par monts et par vaux, par tous les temps !

L'hiver va nous surprendre dans le Guistoa, on passera Noël dans les Asturies et si on est encore vivants, on devrait toucher cette putain de cathédrale Saint-Jacques-de-Compostelle à la fin de l'année...

— On y va ?

Mille kilomètres à pince, oui. Mais dans les auberges, le soir, nous ferons l'amour, Muriel et moi. Je baiserai Muriel, je lècherai Muriel, et Muriel me mangera de baisers. Muriel me fendra de l'anus au scrotum avec sa langue dure, Muriel m'étouffera en enfonçant ses seins dans ma bouche. C'est ce que me disent ses yeux noisette, c'est ce que me promet son cœur trop grand de bonne catholique.

— On y va !

APPENDICES

Où draguer la catholique ailleurs que sur les chemins de Saint-Jacques-de-Compostelle ?

Les pèlerinages

Il en existe dans chaque département. En règle générale, je préfère les grands pèlerinages anonymes aux pèlerinages locaux dans lesquels les fidèles baisent entre eux parce qu'ils se connaissent déjà.

Lourdes est le plus grand rassemblement de chrétiens d'Europe. Il présente la particularité de mélanger handicapés et valides. Il est assez simple de se glisser dans un fauteuil à roulettes et de choisir une bénévole jeune et bien faite. Le reste est un exercice de style. *Nota* : évitez le coup du miracle. Trop voyant, vous perdriez la discrétion nécessaire à la réussite de votre stratagème.

Corps : pèlerinage international de Notre-Dame-de-la-Salette. Le nom est rigolo, il peut y avoir jusqu'à

300 000 fidèles. Ce serait bien le diable de pas en tirer une ou deux.

Chartres : gros truc, pas loin de Paris. On peut tripoter pendant la projection audiovisuelle. Je conseille aussi la crypte, au bord du puits, dans la cathédrale.

Paris : vous ne pouvez pas échapper à Notre-Dame-de-la-Médaille-Miraculeuse, rue du Bac. La sainte en question s'appelle Catherine Labouré, je vous jure que ce n'est pas une blague. Pour le coup, je veux bien croire qu'elle avait une médaille miraculeuse.

Paris encore : le Sacré-Cœur reste une valeur sûre. Ne serait-ce que parce que c'est la « Fraternelle des zouaves pontificaux ». Et ça, ça ne s'invente pas. Assurez-vous que votre conquête est bien catholique. N'importe qui gravit les marches du sanctuaire. Là, comme ailleurs, les touristes compliquent la tâche.

Méfiez-vous des pèlerinages spécialisés. Type Tallard pour les Arméniens et les Saintes-Maries pour les Tsiganes. Les filles sont belles, mais les frangins sont très susceptibles.

Autres lieux

Dans les villes moyennes, il faut traîner autour des églises. Ne pas hésiter à faire quelques kilomètres pour trouver une chapelle paumée et y inviter des fidèles en quête d'exotisme. Il est souvent nécessaire de se faire connaître de la communauté en participant à une bonne œuvre ou à des discussions autour de sujets aussi passionnant que la « Passion du Christ dans l'œuvre de saint Jean à la lumière de l'évangile selon saint Luc ».

À Paris, un lieu concentre toute l'activité religieuse de la ville : la place Saint-Sulpice. On y trouvera toutes les catégories de catholiques. Mais surtout des librairies. Des librairies pour fachos, pour intellos, pour gauchistes, pour simplettes. C'est un résumé, c'est une somme.

Sachez encore qu'il vous faut être attentif en permanence. Il est rare par exemple de ne pas croiser, en province, en se promenant en ville, telle vente de charité, telle fête de patronage. Ce sont des opportunités tout à fait intéressantes qu'il ne faut pas négliger. Il est vrai que l'on tombe sur des espèces âgées, en fin de rédemption. Mais on peut aussi y rencontrer leurs filles et petites-filles.

Pour terminer ce petit tour d'horizon, je préciserai pour les amateurs éclairés qu'à Paris la catho facho se chasse essentiellement à Saint-Nicolas-du-

Chardonnet. Là, elles sont en meute, en tribu et se repèrent à une forte odeur de parfum à mille balles la bouteille. Attention toutefois, l'église est surveillée comme un Arabe à Jérusalem, mais quelle récompense de séduire la fille ou la femme d'un élu du Front National ou une partisane de Philippe de Villiers !

Petit lexique
des termes usuels utilisés par les amateurs de femmes catholiques

Lécher la coquille : pratiquer un cunnilingus entre la rue Saint-Jacques à Paris et Puente la Reina.

Cracher dans le bénitier : ne pas maîtriser la situation éjaculatoire avec une femme d'église.

Sucer un scout (en Belgique) : expression imagée pour dire qu'on suce un scout.

Ite missa est : expression latine qui peut se traduire ainsi : « C'est fini, je décule, mon ami. »

« **Un joli coup de goupillon, mon père** » : expression utilisée par les fidèles reconnaissant la compétence d'un prêtre.

L'entrée de la crypte : l'anus chez l'homme d'Église.

L'extinction des cierges : impuissance chez un curé.

Le vin rouge dans le calice : avoir ses règles pour une croyante.

« **Prenez et mangez, ceci est mon corps** » : incitation des fidèles à pratiquer une fellation au prélat.

Le crado du credo : surnom donné à un prêtre aux tendances urophiles ou scatophiles.

La révélation : première turlutte d'une communiante.

Miracle : avortement chez les religieuses.

Extase : orgasme avec cris en latin.

Mystère de la foi : utilisation de l'argent public par l'Église.

Monter à l'autel : monter à l'hôtel.

Ferveur, ardeur, dévotion : agilité de la langue lors d'un cunnilingus entre catéchumènes.

Protéger les reliques : jeter les Kleenex usagés.

Se mettre en prière : joindre les mains pour mieux tenir la verge d'un moine lors d'une fellation.

Conversion : découvrir que l'on préfère les scouts aux Jeannettes en parlant d'un abbé.

Prie-Dieu (anciennement « suce-Dieu ») : petit siège extrêmement pratique, sur lequel le suceur se tient à genoux sur du velours et se trouve à la bonne hauteur pour satisfaire un prêtre de taille moyenne.

Le droit canonique : le canon droit pour un pratiquant.

Un homme pieu : un fidèle bien outillé.

Extrême onction : ultime éjaculation d'un curé mourant sur une bigote en fin de vie.

Pas de messe basse sans curé : associer un homme d'Église aux saletés qu'on chuchote entre amants pour s'exciter d'avantage.

Offertoire : position de levrette.

Le calice ou le ciboire ? : le vagin ou le rectum ?

Magnificat et Miserere : surnom d'une jeune novice qui suce et d'une vieille qui pète.

Avoir un enfant de chœur sous la chasuble (expression québécoise) : avoir un enfant de chœur sous la chasuble.

Mettre un cierge à saint Cucufa ou à saint Fiacre (expression d'enfants de chœur) : sodomiser.

L'étoile du berger : l'anus d'un sacristain.

La montée en chaire : l'érection.

Être bien monté en chaire : bénéficier, pour un prêtre, d'un pénis avantageux ou très avantageux.

Suivre le chemin de croix avec les douze apôtres et ressusciter trois jours après : faire une partouze avec d'autres moines et prendre une cuite mémorable.

Faire son Gabriel : masturber une jeune paroissienne avec un doigt, sans la pénétrer vraiment.

Porter les stigmates : avoir attrapé une MST en langage religieux.

La pêche miraculeuse : autre nom de l'avortement des œuvres d'un prêtre.

Aller à Port-Royal : participer à une partouze avec la hiérarchie ecclésiastique.

Du monde au jardin des oliviers : constater, pour un évêque, la présence de morpions dans la pilosité d'une novice.

Tremper son Jésus, ou tremper son baigneur : avoir des relations sexuelles avec une pratiquante.

Une tête d'évêque : une verge circoncise.

Une tête de moine : une verge entière.

Prendre à la roi mage : se livrer à des jeux sexuels à trois hommes pour une seule femme dans une église ou un presbytère voire dans une étable.

Rester à l'entrée de la grotte (expression désuète) : préserver la virginité d'une religieuse en évitant une pénétration qui la déflorerait.

Avoir les fonts baptismaux : supporter un fist fucking pour un séminariste.

Entrer dans les ordres : forniquer avec des hommes d'Église.

Rester au purgatoire : caresser avec insistance la petite chair entre l'anus et la vulve d'une mère supérieure.

Connaître le feu de l'enfer : chopper une chtouille pour un évêque.

Prédestination : disposition naturelle d'un enfant de chœur.

Garder l'onction quand le baptême est fini : ne pas recracher immédiatement la semence d'un curé.

Grand-messe : dépucelage d'une novice.

Messe chantée : la même chose mais avec cris de la postulante.

Messe de minuit : idem, de nuit, avec le *Te Deum* en plus.

Introït : introït avec un doigt.

Kyrie eleison : introït avec deux doigts.

Gloria in excelcis : la main.

Consacrer l'hostie : bénir le sexe d'une paroissienne d'un coup de goupillon pinal.

Avoir les burettes au-dessus de l'ostensoir : expression très imagée pour indiquer entre hommes d'Église que l'on a trop tiré dans la journée.

Maître de chapelle : gynécologue ecclésiastique.

Répandre les saintes huiles dans l'abside : lubrifier l'anus d'un abbé.

Faire teinter le clocher avant de monter au campanile : s'affairer sur les testicules d'un vicaire avant de lui attaquer le chibre.

Archidiaconnée : se dit d'une paroissienne qui a trop donné son sexe à trop de curés.

Canonicat (mot d'enfant de chœur) : la cure. On y trouve beaucoup de canons ; autre acception autorisée par le Vatican : on y boit beaucoup de canons.

Les converses : des sœurs qu'on peut mettre à l'envers et vice-versa.

LE CUL
DE LA CHEFTAINE

Et pour finir, une chanson originale, libre de droits, version hard du beau chant scout de la page n°185.

(Elle se chante sur le même air que la chanson des louveteaux autour du feu et avec le même enthousiasme.)

Pendant que ses louveteaux sont à confesse
J'enfile la cheftaine au bout de mon dard
Ah ! ça la change d'avoir entre les fesses
Autre chose que le fanion et l'étendard.

Refrain
Honneur à tous les gars qui goûtent
Le jus sucré de la fontaine
Du con béni d'une femme scoute
J'aime le cul
J'aime le cul
J'aime le cul de la cheftaine.

Quand ses scouts entonnent un chant de Noël
Agenouillé à hauteur de son cul
Je lui susurre du Baden-Powell :
« Un acte viril n'est jamais perdu ».

Refrain

Les éclaireurs se reposent, fourbus
Devant la flamme qui lentement vacille
Je lui enfile un doigt au fond d' son cul
Pendant qu'elle récite un peu de l'évangile.

Refrain

Comme elle est fière à la tête de sa troupe
Marchant en chantant fort, pourtant hier,
Pendant que je lui caressais la croupe
Elle me chantait de la prendre par-derrière

Refrain

Achevé d'imprimer sur rotative
par l'Imprimerie Darantiere à Dijon-Quetigny
en mars 2006

Dépôt légal : avril 2006
N° d'impression : 26-0499

Imprimé en France